スラムダンク奨学生インタビュー

その先の世界へ

著

宮地陽子

伊藤亮

集英社

高校では終われない、君へ。

（スラムダンク奨学金　キャッチコピーより）

目次

カバーイラスト　井上雄彦

装丁　小林 満（ジェニアロイド）

校閲協力　株式会社鷗来堂

インタビュー・構成　宮地陽子（#2、#4、#6、#8、#12、#13、#14）

伊藤 亮（#1、#3、#5、#7、#9、#10、#11、#15）

協力　「青春と読書」編集室　編集担当　加藤真子

・#1〜#14、#15（根本真吾）…「青春と読書」2020年5月号から2021年7月号にかけて連載した「スラムダンク奨学生インタビュー」を元に、加筆、再構成したものです。

・#15（小出桃子）… 書き下ろし

スラムダンク奨学金とは

スラムダンク奨学金は、『ＳＬＡＭ　ＤＵＮＫ』の作者である井上《いのうえ》雄彦《たけひこ》の「この作品をここまで愛してくれた読者とバスケットボールというスポーツに、何かの形で恩返しがしたい」という志から始まり、高校を卒業後、大学あるいはプロを目指しアメリカで競技を続ける意志と能力を持ちながら、経済的その他の理由でその夢をかなえられない若い選手を支援することで、その目的を果たそうと設立された。

奨学金の原資は、『ＳＬＡＭ　ＤＵＮＫ』の印税の一部と、アイティープランニング有限会社、株式会社　集英社《しゅうえいしゃ》の拠出金で成り立っている。スラムダンク奨学生の派遣は２００８年から実施されており、毎年、高校卒業見込み、またはそれに相当する学生を募集。その中から若干名を選考し、現地でのセレクションを経てアメリカのプレップスクールに送り出している。２０２２年までに15名が留学し、多くの選手がＢリーグやアメリカの大学などで活躍している。

プレップスクールとは

スラムダンク奨学金の奨学生派遣先であるプレップスクールとは、大学進学の準備や、より高度な教育のためのポストグラデュエイト学年（日本では高校4学年目にあたる）のある私立の中高一貫校のことで、全寮制であることが多い。

ＮＣＡＡ（全米大学体育協会）あるいはその上のプロでプレーすることを目指す留学生も多く在籍し、選手は大学コーチなどがスカウティングに足を運ぶことの多いプレップスクールで活躍することによって、米大学からの運動部奨学金のオファーを受けるチャンスが与えられる。ＮＣＡＡでは規則として最低限の学業成績をおさめていないと公式戦でプレーすることができない。スラムダンク奨学金が奨学生をプレップスクールに派遣する理由は、英語を母国語としない日本の選手が、大学あるいはプロを目指すためにはまずプレップスクールが現実的であり、最も適した留学先であると考えるためである。

#1

バスケットがアイデンティティに
アメリカで追い詰められ悟った己の核

並里 成

第1期生

写真は取材当時（2019年12月）のものです。
撮影／伊藤亮

まるで最初から決まっていたかのように運命に導かれ、
スラムダンク奨学金第1期生になった並里成。
前例のなかった初めての試みに真正面から立ち向かい、
アメリカの地で苦しみも楽しみもすべてさらけ出した。
その後に続く奨学生たちの模範を示した開拓者は、
自分とアメリカと、バスケットの間に何を見出したのか。

並里　成　なみざと・なりと

1989年8月7日生まれ、沖縄県出身。福岡第一高校1年生時にウインターカップで優勝し、ベスト5に選出される。卒業後、スラムダンク奨学金第1期生として、2008年3月にサウスケントスクールに留学。09年に卒業し、帰国後は、リンク栃木ブレックス（JBL）、琉球ゴールデンキングス（bjリーグ）、大阪エヴェッサ（bjリーグ）、滋賀レイクスターズ（現滋賀レイクス・Bリーグ）に所属。18年に琉球（Bリーグ）に復帰。22年より群馬クレインサンダーズ（Bリーグ）に所属。ポイントガード。172cm、72kg。

パーフェクトなタイミング

『月刊バスケットボール』にあった一片の広告。何の変哲もない限られた枠のモノクロ広告だったと記憶している。しかし、当時高校2年生の並里成は「運命だ」と感じた。見せてくれたのは福岡第一《ふくおかだいいち》高校の井手口孝《いでぐちたかし》監督だ。

「僕がアメリカに挑戦したい思いでいることを井手口先生は知っていて、ずっと動いてくださっていました。面と向かっては言われないんですけど、裏で『先生は本当にお前のこと考えてくれてるぞ』とか『アメリカへの道を探してくれてるぞ』という話は聞いていたので。そうしたらある日、先生が『これ、応募してみるか』と見せてくれたんです」

井手口監督が差し出したページにあったのは、スラムダンク奨学金第1回奨学生募集の広告だった。

「たしか高校3年に進級する前の2月くらいでした。ちょうど僕が卒業する年から始まるということで、先生が見つけてくださったんです。見てすぐ『はい、挑戦してみたいです』と返事をしたら、すぐ動いてくださって」

並里成は沖縄《おきなわ》市コザで生まれ育った。兄の影響で、幼稚園の頃には既にバスケットボールをついていた。同地域には米軍の嘉手納《かでな》基地がある。並里が幼少期の頃は、地元の人が「6チャンネル」と呼ぶアメリカ軍放送網（ＡＦＮ）をテレビで視聴できた。

「6チャンネルで中継されるＮＢＡを、テレビ越しでありながら身近に感じて育ちました。だから小学校低学年くらいにはＮＢＡに憧れてましたね。これは僕に限った話ではなく、同級生もみんなそうで、憧れの選手のマネをしたりして、ＮＢＡへの夢をよく話してました」

バスケットに夢中になる環境がそろっていた中で、並里はその実力をぐんぐんと伸ばす。

「バスケットへの愛は誰にも負けなかったと思います。一番になりたい、上手《うま》くなりたい向上心で小学生の頃は24時間３６５日、ずっとバスケットのことだけを考えて、身体のメンテナンスもしてました。正直、中学生の時は思春期でもあり、プライベートを削ってまでもバスケットはしていなかったんですけど」

コザ中学校3年時に全国中学校バスケットボール大会でベスト8。複数の高校から誘いを受けた中で、福岡県にある全国屈指の強豪・福岡第一高校へ進学することを決意する。

「井手口先生が2、3回沖縄に足を運んでくださった熱意と、チームの試合をＤＶＤで見て。あと当時、沖縄で九州大会があったのですが、そこで生《なま》観戦して団結力を感じさせるチームカラーに惹《ひ》かれました。そして最後の決め手は、留学生がいたことです」

将来ＮＢＡでプレーするならば、早いうちから海外の選手とともにプレーした方が得策だろう、という判断だった。

「自分の夢はアメリカでバスケットをすること。中学生の時は沖縄を代表して県外か海外に挑戦したいと思い描いていました。そしたら福岡第一高校に声をかけてもらってスムーズにいった。なので、同じように高校を卒業したら今度は海外に出ようと考えていたのですが……」

並里成には、憧れを憧れのまま終わらすのではなく、実現するために動く行動力があった。そして道筋も考えていた。だが、高校卒業後の具体的な道筋までは考えられなかった。

「それまでは『アメリカに挑戦したい』と口では言っていたものの、コネクションもなく、どうしたらいいのか分からなかったんです。決めていたのは日本の大学には行かずに海外に出よう、ということだけ。でも、そんなタイミングでスラムダンク奨学金設立の話が出て。〝井上先生、これからこんなこともやるんだ〟と不思議な感覚も覚えつつ、まるで自分のタイミングに合わせて設立されたような気もして。本当にパーフェクトなタイミングでした。だからすごく感謝しているんです」

トライアウトで相対したのは後のＮＢＡプレイヤー

　スラムダンク奨学金と出会った時点で、「並里成」の名前は全国区になっていた。強豪・福岡第一高校で1年からポイントガード[※1]としてレギュラーを勝ち取り、いきなり高校バスケット界の頂点を決めるウインターカップ制覇。大会ベスト5にも選ばれた。身長１７２cmと上背はないが、類まれなクイックネスを持っていた。当時の映像を見れば一目瞭然だが、抜群のスピードに複雑なフェイントを組み込んだドライブ[※2]に、相手はディフェンスどころか、ファウルすらできない。まさに「手が付けられない」とはこのことだ。一瞬の爆発的なスピードと豊富なイマジネーション。いったい次にどんな技が飛び出すのか予想できないプレースタイルは「ファンタジスタ」と呼ばれるほどだった。

　そしてもう一つ、漲《みなぎ》っていたのが自信だ。派手なペネトレイト[※3]やダブルクラッチ[※4]を決めた後に拳で胸を何度も叩きアピールする。

「自信に満ちた表現を、あえてしていたのはあります。そうすることによってさらに自信が増幅され、どんどん調子に乗っていくという。特に高校1年で出

※1
ポイントガード
バックコートからフロントコートへのボール運びや、フォーメーションの指示など、司令塔の役割を果たすポジション。ポジション番号は1番。

※2
ドライブ
ドリブルで素早く攻め込むこと。

※3
ペネトレイト
瞬間的に加速したドリブルで、ディフェンスの間を突き抜けてゴールに進むこと。

※4
ダブルクラッチ
空中でタメを作ってタイミングをずらし、ディフェンスをかわして打つ高難度なシュート。

たウインターカップは自信になりました。その後もインターハイや国体などで強豪チームと対戦するたびに、相手のプレーを見るじゃないですか。その時に〝この選手ならマッチアップしても倒せるな〟という感覚が生まれるようになりました」

　ビッグマウスではない。たしかにそう言い切れるほど、当時の高校バスケット界で並里の実力は抜きん出ていた。

　そんな実力者がスラムダンク奨学金に応募したのだから、書類選考はスムーズに通過した。その後、最終選考として現地でのトライアウトに参加することになる。並里は高校3年になった2007年の10月、アメリカはコネチカット州にある留学先のサウスケントスクールに飛んだ。

　そして最終トライアウトで相対したのが、後にNBAプレイヤーとなるアイザイア・トーマス（2011年サクラメント・キングス入団）だった。

「最終トライアウトの時は、やってみるまで合格する自信はなかったんです。それで実際行ってみたら、アイザイア・トーマスとディオン・ウェイターズ（2012年クリーブランド・キャバリアーズ入団）がいたことをバッチリ覚えています。トライアウトはピックアップゲーム[※5]形式だったのですが、アイザイア・トーマスとは同じポジションだったのでマッチアップすることに。同じ

※5
ピックアップゲーム
その場にいるメンバーで、即席でチームを作って行うゲームのこと。

サイズの選手で初めて自分よりも上手い選手を目《ま》の当《あ》たりにして衝撃でした。なので、最初は雰囲気にも慣れず消極的なプレーが続いていたんですが、勝負している相手なのに彼が『もっとシュート打てよ』『どんどんいけよ』などとパッと声をかけてくれた。おかげでトライアウト後半は自分のリズムもつかめたし、合格する手ごたえは得ていました」

トライアウト終了直後にヘッドコーチから賞賛され、校長先生も視察に訪れ喜んでいる様子だった。「ぜひうちに来てほしい」。「また会えるのを待っているから」。そう声をかけられたことで合格を確信したという。だから合格が通知された時のことは覚えていない。アイザイア・トーマスやディオン・ウェイターズといった、とんでもない実力者といっしょにバスケットができる。既に〝次に渡米するのはいつになるのだろう〟という方に気持ちが向いていた。

想定通り楽しかったアメリカのバスケット

見事スラムダンク奨学金第1期生に選ばれた並里成は、高校3年時にウインターカップ準優勝&自身2度目となる大会ベスト5という成績を残して、2008年3月、日本を飛び出した。18歳以下の日本代表に選ばれた時にアメリカ遠征は経験していたが、14か月に及ぶ海外長期留学は初体験となる。

「NBAに近いアメリカに行ける。今までは観るだけだったNBAだけど、これから行くサウスケントスクールには、ゆくゆくNBAプレイヤーになる選手がいるだろうから、絶対バスケットが楽しくなる。がんばるぞ！　と思いつつ、言葉の壁、文化の違い、日本人一人という環境に不安もありました」

寮の部屋は二人一部屋。最初は韓国から来た留学生と同部屋だった。彼は普

並里の苦楽が詰まったサウスケントスクールの体育館。
撮影／スラムダンク奨学金事務局

「体育館へ徒歩1分」という距離にあった寮は二人部屋。
撮影／スラムダンク奨学金事務局

通にアメリカの大学へ進学を希望して、学業のために来ていた。バスケット選手でアジア人は並里ただ一人だったのだ。

「平日はまず朝6時に朝練があった後、8時30分までに朝食や支度を済ませチャペルに集合します。そして9時から授業。昼食もろくに摂らず17時まで授業が詰まっていて、そこから食堂でピザやチキンといった食事をかきこんで、18時から練習。それも1時間くらいで、19時からはホームワークがありました。それが2時間くらい。で、21時から1時間だけがフリー時間。そこで体育館に行けたりするんですけど。でも22時になったらインターネットの回線も全部切られるんです。で、その後、生徒たちがちゃんと部屋にいるかどうか見回りに来るという」

　意外だったのは、練習時間の短さと授業時間の長さ。福岡第一高校でのそれに比べれば、サウスケントスクールでの練習は楽に感じられた。でも、だからこそバスケットがより濃密に、楽しく感じられた。

「やっぱり派手な選手が多くて、自分より大きくて速い選手ばかり。いろいろな部分で劣っている自分がいるのですが、上手い選手をどうやってやっつけるかって考えるのが楽しかったですね」

　欧米に渡った日本人選手は、当初パスを出してもらえないなど、相手にされないという話はよく聞く。並里も同じ目に遭ったが、それは想定内だった。

「最初はバカにされるんです。小さいしアジア人だし。でもシュートを決めたり、ドライブでかわしたり、技を見せるとすごい盛り上がってくれる。それが嬉しくて、無駄にいろんな技を見せていたかもしれません。ハンドリングも普通に抜くのではなくビハインドザバック[※6]したり、レッグスルー[※7]したり、スピン[※8]したり。パスも、しなくてもいいのにノールックパスしたり。でも、それでだんだん認めてもらっている感触がありました。練習後にみんなが寄ってきて『1対1しようぜ』とか『お前のあの技、どうやってやるんだよ』って声をかけてくれるんです」

そして、深いため息をつきながら言うのだ。

「唯一、楽しいのがバスケットの時間でした……」

小学生時から抱いていたNBAプレイヤーとなる夢。そこへ一歩一歩近づいている実感があった。バスケットも自分を認めてもらうまでに多少の時間を要したものの、想像通り楽しくてしかたがない。想定外だったのは、学業の方だった。

※6
ビハインドザバック
自分の背中側にボールを通し、パスやドリブルをすること。

※7
レッグスルー
股下でボールをバウンドさせ両足の間を通し方向転換するドリブル。

※8
スピン
正式名称はスピンムーブ。身体を素早く360度回転させディフェンスをかわすドリブル。

本当に自分がここにいて正しいのか

「学業はかなり難しかったです。もともとサウスケントスクールは、ハーバード大に進む生徒がいるほどレベルもかなり高かったみたいで。授業の中の一つに単語から教えてもらえる基礎英語のようなものがありましたが、それ以外の数学や歴史といった本格的な授業も全部英語。何を言っているのか全く分からないんです。しかも追い打ちをかけるようにホームワークが出る。ひたすら勉強に追われました」

授業形態は留学前から把握していた。サウスケントスクールは大学進学に足る学力を身につけるための学校だ。アメリカの大学へ進むためには、大学進学適性共通テスト（ＳＡＴ）などで一定の成績をおさめなくてはならない。これが、日本では高校までバスケットボール一筋だった並里にとって、高い壁となった。しかも、当たり前だが授業も議論もテストも解答も、すべて英語なのだ。

言葉の壁は最初から予想していた。しかし実際は、そんな不安を上回る苦しみが待っていた。

「英語に関しては自信がなかったんです。正直、もっとできないと思ってました。でもやらざるを得なかったので、ひたすら勉強しました。勉強、勉強、勉強。でもどんなに勉強しても、授業で言っていることが理解できるようにならないし、そもそも聞き取れない。『いったい、いつになったら……』と絶望的な気分になりました。会話も成り立たないレベル１の自分が、レベル２、３、４……と段階を踏まずいきなりレベル10の中に放り込まれた感じ。沖縄にいる時から英語は身近でしたが、実際に英語圏に入ると全く違ったものになるんです。地域によって発音や言葉の使い方も全然違ってくる。僕が勉強していたのはニューヨーク寄りの英語でしたが、進歩している感触がさっぱり得られませんでした」

英語に堪能な人からは「最初はどれだけ勉強しても分からない。でも半年くらい経つと、ふとした時に突然聞き取れるようになる。すると質問ができるようになるから、英語力が伸びるのも多少早くなるよ」というアドバイスをもらっていた。その言葉を信じて、ひたすら勉強するしかなかった。

サウスケントスクールは１９２３年に創立された由緒正しき学校である。敷地面積は６５０エーカー（約80万坪）。この広大な敷地に大学進学を志す若者が１８０名ほど集う。施設も充実し、キャンパスには瀟洒《しょうしゃ》な雰囲気が漂う。しかし、一歩敷地を出れば延々と林道が続き、買い物をするには数十分も車を走らせなければならない。加えて冬の寒さは厳しく、雪に閉ざされる。まさに、人生をかけて大学進学に専念するためのストイックな閉鎖空間と見ることもできる。

南国・沖縄出身の並里にとって、コネチカット州の冬はこたえた。

「気候にしても……雪が積もるとやる気が起きない、というのはありました」

夜22時に外部との接触を断たれ、消灯したキャンパスの暗闇の中で、しんし

豊かな緑に囲まれたサウスケントスクールのキャンパス。
撮影／スラムダンク奨学金事務局

んと降り積もる雪を感じながら襲ってきた孤独感はいかばかりのものだったか。

「いっぱいいっぱいでした。ストレスも相当溜まっていて。〝本当に自分がここにいて正しいのかな〟とすら考えるようになっていました」

心の底からすがった〝唯一の救い〟

並里は自身のことを「やんちゃだった」と言う。

「中学生の時は思春期でもあり、プライベートを削ってまでもバスケットはしていなかった」と先述したが、ではプライベートで何をしていたかといえば――たとえば喧嘩《けんか》だ。

「小学生の時もそれなりのやんちゃでしたけど、中学生の時は他校との喧嘩が増えましたね。中学3年生の時、僕らの中学校は平和だったんですが、周囲の中学校が団体で仕掛けてくるんですよ。で、放課後に公園などで喧嘩するんですけど。僕は、おそらくバスケットで名前を知られていたんだと思います。『並里連れてこい』と言われて。そう言われたら出向かざるを得ないじゃないですか。当時はそんな環境だったんです。え、結果ですか？　そこはほら、スポーツ選手だったので。鍛え上げているんで、ね（笑）」

結果は推して知るべし、である。

自分から喧嘩を仕掛けることはないが、売られた喧嘩は買う。そんな向こうっ気の強さも持ち合わせていた並里が、一人アメリカの学校で臨界点を超えたストレスをおとなしく消化できるわけもない。

「男子校ですし、喧嘩はありました。それこそ、チームメイト同士でもパスを回さなかったら、それだけで喧嘩になったり。チームメイトもみんな10代後半の若者ですから。人をリスペクトする姿勢などはまだ身につける前の年代で。だからなめられたり、冗談の度が過ぎたりするということもありました。これは僕だけに限った話ではないですが、ロッカールームなどで遠くからいきなりリンゴをぶつけられたりする。頭にパーン！と。冗談だというのは分かるんです。コミュニケーションの一種だというのも分かる。でも度が過ぎるんですよね。そこはなめられたらたまらないですから。僕もキレて喧嘩になるんですけど、みんなに羽交い締めにされて止められました」

多くの日本人は同じ目に遭ったら、萎縮《いしゅく》してしまうかもしれない。しかし、〝やんちゃ〟並里は敢然と立ち向かっていった。この気持ちの強さは、時にトラブルになることはあったとしても、ポジティブに作用した面は少なからずあったのではないか。

少なくとも、たとえ喧嘩であろうと自分の気持ちを表に出せる場所があった。そこは本人にとって孤独感を癒してくれる心の拠り所だったのだ。

「正直、器用なタイプではないので。ただでさえバスケットで勝負したくて、そこに頭を使いたいのに、学業に頭を持っていかれる。バスケットにも学業にも頭をフルで使って、もうパンク寸前でした。言葉が通じないので悩みを打ち明けるのも難しい。でもそんな時に、チームメイトにはよくしてもらいました。〝あ、アメリカでバスケットするのって楽しいんだな〟と、本当に、心の底から感じられた。そう思えたのが〝唯一の救い〟でした」

何度も心が折れそうになった。苛立ちもした。だがギリギリで踏みとどまれたのは、そこにバスケットがあったからだ。この時の並里にとって、バスケットは、ただのスポーツではなくなっていた。唯一、人と心を通わすことができる手段になり、自分のアイデンティティになった。

より強めていったバスケットへの愛。しかし皮肉なことに、バスケットが楽しくなればなるほど、反比例するように学業へのもどかしさは増し、焦りは募っていった。

バスケットの評価を高めて生じた疑念

待望の瞬間が訪れたのはアドバイス通り、留学してから半年が過ぎようとした頃だ。

「最初は相手の言っている内容をニュアンスで感じ取るレベルだったのが、本当にワードとして聞き取れるようになってきたんです。まだ全部は聞き取れないまでも、なんとなく言っている英語自体が分かる感覚になりました」

するとチームメイトともコミュニケーションが図れるようになっていく。

ポイントガードは司令塔のポジションだ。仲間に自分の意図を伝え、また仲間の意図を汲むことができるようになったことで大きな変化が訪れた。

「僕、最初はガードでも3番手の選手だったんです。やっぱり英語が喋れなかったですから。だから出してもらえない試合もありました。でもその中で、死に物狂いでやっていたらシーズン後半は2番手まで上がったんですよ」

シーズン終盤の10試合は1試合40分のうち、プレー時間を20分ほどまでに延ばした。

「シーズン終盤のある試合でＭＶＰになったんです。その試合は最初負け試合だったんですけど、僕が前から相手のガードに仕掛けてスティール[※9]したり、

※9
スティール
ディフェンスの選手が相手のドリブルやパスの最中にボールを奪うこと。

勝負所で得点したりして最後には勝った。その時には胴上げではないですけど、みんなに囲んでもらって。アウェーの試合だったんですが、遠征帰りには必ずバーガーキングに寄るんですよ。その帰りのバスの中でもみんながずっと褒めてくれました」

ハンバーガーとポテトを頬張りながら仲間に祝福され、和気あいあいとした雰囲気の中、顔を綻《ほころ》ばせる姿が思い浮かぶ。そう、コート内での英語のコミュ

チームにアジア人は並里一人。
実力で仲間の信頼を得ていった。
撮影／宮地陽子

ニケーションは確実に図れるようになっていたのだ。

しかし、肝心の学業面の成績が伸びない。シーズンが進むにつれて、サウスケントスクールにはＮＣＡＡ（全米大学体育協会）のスカウトがやってくるようになった。並里のバスケットの実力が評価されていることは耳に入ってきた。ヘッドコーチもその点はお墨付きを与えている。でも、学業面が足りないという理由で大学進学の道が断たれるかもしれない。その可能性に、正直疑念を抱いた。

「バスケットで使う英語とテストで点を取るための英語は別物。そう感じてしまっている自分がいました。実際、バスケットではみんなとコミュニケーションできるようになっているのに、〝なんで勉強しているんだろう？〟と思ってしまった。今、懸命にしている英語の勉強が、ＮＢＡプレイヤーになる自分の夢に繋がっているとは、どうしても思えなかったんです」

ＮＢＡへの登竜門となるＮＣＡＡでバスケットをプレーするためには、学業で一定の成績をおさめることが条件だということは十分すぎるほど分かっていた。分かってはいたが、心の底から納得することはできなかった。

２００９年春、結局「学業面で難しい」という理由で、並里の大学進学は叶わなかった。彼は今、メディアに対してスラムダンク奨学金第１期生としての挑戦を「挫折《ざせつ》した」と語る。大学へ進学できなかった事実のみを拾い上げれば、それは挫折なのかもしれない。しかし一方で、テストの点数には反映されない部分で成長を自覚できたこともまた事実だ。

「シーズンが終わった後、卒業まで2週間ほどの間にブレイク期間があったんです。みんなは帰省するんですけど、僕はできなかったので、ニュージャージーやニューヨーク、フィラデルフィアのバスケットのキャンプに参加していました。それで卒業前に戻ったら、みんなが一番に駆け寄ってきてくれて。『元気だったか？』とシェイクハンドしてくれて。最初に来た時とは比べ物にならないくらい英語も上達していたので会話もできて、『そんなに喋れるようになったのか』と言われました。アジア人だし、なめられて少し距離があったところから始まって、でも最後には言葉、文化、人種を超えて僕を知ってもらえたことがすごく嬉しかったんです」

12年後、血肉になっている教訓

帰国後の並里は当時ＪＢＬのリンク栃木《とちぎ》ブレックスに入団。その後も日本でプレーを続け、現在は地元に戻りＢリーグ1部の琉球《りゅうきゅう》ゴールデンキングスでプレーしている。
「ファンタジスタ」ぶりは相変わらずだ。一人でゲームの流れを変えられる強烈なエゴ。だがエゴを出すのは要所に絞られていて、むしろ仲間を活かすプレーが多いことはＢリーグ２０１８－２０１９シーズン日本人アシスト王という記録が裏付けている。周囲を活かし周囲に活かされ、エゴと協調が絶妙なバランスで調和している点が、リーグに二人といない独特な個性を際立たせている。

これらはすべて、留学で得た教訓が血肉となっているからに違いない。今回、12年前のことを思い出してもらうにあたり、次のように言っていた。
「スラムダンク奨学金第１期生として留学した日々は、つい最近のことのように感じています。というのも、あの経験が今バスケットをするうえでも、コミュニケーションの部分でもベースになっていますから」

そしてもう一つ、忘れてはならないのがＮＢＡプレイヤーとなる夢だ。12年前、アメリカに渡りＮＢＡに向けて伸ばした手は、まだ引っ込めていない。並里は帰国後、日本でプレーしながらじつに３度のＮＢＡ挑戦をしている。２０１６年にはＮＢＡ下部Ｄリーグ[※10]のドラフト指名対象選手に名を連ねるところまでいった。

※10 Dリーグ 現NBA Gリーグ。

じつは、これまで支えてくれた恩師たちへ正式に挨拶しに行ったことがない。

「成功してから『成功しました』と言いに行きたい変なプライド、というか美学があるので」

並里成にとっての成功とは。それはスラムダンク奨学金での留学前から一貫している。

「飛び出したいですね、日本を」

留学中に「身体を強くしよう」と励んだ筋力トレーニング。
そのフィジカルの強さは今に通じる。
撮影／伊藤 亮

©GUNMA CRANE THUNDERS

それから、
２０２２年までの並里　成

Bリーグを代表する「ファンタジスタ」の姿はその後も変わっていない。琉球ゴールデンキングスでは、時に司令塔として、時にゲームチェンジャーとしてチームの中心でプレー。トリッキーなパス、ドリブルで観る者を楽しませ続けた。チャンピオンシップにもコロナ禍で中止となった２０１９－２０シーズンを除き毎回出場。アウトサイドからのシュートも目立った２０２１－２２シーズンはファイナル進出に貢献。しかし、体調不良でファイナルでのプレーは叶わず、チームも優勝を逃す。そして２０２２年、新たな活躍の場として群馬《ぐんま》クレインサンダーズへ電撃移籍。バスケットを楽しむ姿は健在だ。

『SLAM DUNK』で好きなキャラクター、シーンは？

僕は三井《みつい》寿《ひさし》が好きです。ずっとグレてて喧嘩をしに体育館へやってきて問題を起こした後、安西《あんざい》先生に「バスケがしたいです……」と発したあの言葉。僕もやんちゃだったので、心に本当に刺さったシーンといいますか。本当はバスケットがしたいのに、意地を張っていて、でも勇気を振り絞って気持ちを表した部分に共感しました。彼も嫉妬が先にきてしまう、ある意味不器用なタイプ。僕も不器用で、昔はたまに周りに変ないたずらをして嫌な思いをさせていましたから（笑）……何度見ても感情的になるシーンですね。

『SLAM DUNK 新装再編版』6巻より

第1期生の並里成の頑張りがあったからこそ、今もこのプログラムを続けることができるという思いを新たにしました。成には今も感謝の気持ちでいっぱいです。

（井上）

#2

挑戦を楽しむ
故郷から世界に飛び出して見つけた自分の道

酒井達晶

第9期生

写真は取材当時（2020年1月）のものです。
撮影／宮地陽子

目の前の道は一つではない。
大事なのはどの道を選ぶかではなく、
選んだ道で全力を尽くし、
思い切り楽しむことができるかどうか。
酒井達晶は子どもの頃の夢を追いかけ、海を渡った。
彼はアメリカでどんな努力をし、どう楽しんだのだろうか——。

酒井達晶　さかい・たつあき

1997年5月6日生まれ、石川県出身。2013年に創部された北陸学院高校の主将を務め、創部2年目でウインターカップ出場を果たす。その翌年15年にはインターハイにも出場。2年連続で出場した同年のウインターカップではベスト16に。16年、スラムダンク奨学金第9期生として、セントトーマスモアスクールに留学。17年にメイン州セントジョセフ大学に進学。21年に卒業後、群馬クレインサンダーズ（Bリーグ）のアシスタントコーチ兼デベロップメントコーチに。22年より同クラブのアシスタントコーチ兼通訳に。ポイントガード。170cm、70kg。

お前の目が一番輝いていて、バスケを楽しんでいたからだ

　スラムダンク奨学金のことを知ったのは、小学6年のときだった。ちょうどスラムダンク奨学金がスタートし、第1期生の並里成が渡米した頃だ。そのことを『月刊バスケットボール』で読んだ酒井達晶は、自分も将来はスラムダンク奨学金でアメリカに行くと心に決めた。

「『月刊バスケットボール』で、並里さんがスラムダンク奨学金で留学したのを知った。『ＳＬＡＭ　ＤＵＮＫ』もずっと読んでいたし、必然的に、自分も絶対行くんだろうなっていう感じで思っていました」

　並里は酒井にとって憧れの選手の一人。福岡第一高校時代のプレーを、動画サイトでよく見ていた。『ＳＬＡＭ　ＤＵＮＫ』も子どもの頃から何度も読んで、大好きだった漫画だ。好きなことが二つ繋がったことで、運命のように感じた。

「小学校の卒業文集に、『スラムダンク奨学金に受かって、アメリカに行って、ＮＢＡに行きたい』って書いていました」と振り返る。

　もっとも、その後しばらくはスラムダンク奨学金のことも、アメリカ留学のこともすっかり忘れていた。中学、高校と、自分のチーム、目の前の試合に無

我夢中だったのだ。

そんな彼に小学生のときの思いがよみがえってきたのは、高校2年の冬、ウインターカップが終わった頃のこと。学校の先生とコーチからスラムダンク奨学金募集の話を聞き、昔の自分の夢を思い出した。とりあえず、「だめもとでもいい」と出願フォームを書いた。

書類による一次選考と、留学先のヘッドコーチによるビデオ選考を通った酒井は、同じように選考を通った選手たちと共に、最終トライアウトでコネチカット州のセントトーマスモア校を訪れた。

初めて訪れたアメリカは、それまで見たことがないぐらい広くて大きかった。空港のレンタカー乗り場の広大さに驚き、学校の体育館で汗だくになってプレーしていたアメリカ人選手たちの身体《からだ》の大きさに「ヤバイ」とも思った。

それでも、トライアウトを兼ねたピックアップゲームが始まるとサイズの差は気にならなくなり、むしろ楽しくてしかたなかった。酒井の身長は１７０㎝。日本でもバスケットボール選手としては小柄なほうだ。そして、このときにマッチアップしたのは、自分より20㎝も大きい選手だった。

「正直、『でかいな』って思った（笑）。でもなんとなくやりあえて、やっているうちに、センター[※1]のやつがピック[※2]してくれて、シュートを打ったりして。な

※1
センター
主にゴール下で攻守の中心を担うポジション。長身の選手が選ばれる。ポジション番号は5番。

※2
ピック
味方プレーヤーのマンマークを振り切らせるため、そのディフェンスの近くに立って壁を作ること。スクリーンとも言う

んかけっこう、ワクワク楽しくできた。意外と適応できたなと思っていた」

日本にいたときでもまわりの選手よりは小柄だったから、程度の差はあれ、できること、できないことは変わらなかった。

「サイズのディスアドバンテージがわかっていて、逆に言えば自分のアドバンテージもわかっている。だから『すごいな』って思う気持ちと、『やってやろう』っていう思いがいっしょに来た。不安もなかったし、一番楽しんでやっていました」

あとから知ったことだが、ヘッドコーチのジェリー・クインも、酒井が楽しそうにプレーする姿に注目していた。留学後に、「あのとき、なんでお前を選んだかって言ったら、お前の目が一番輝いていて、バスケを楽しんでいたからだ」と聞かされた。

それぐらい、このときの酒井はポジティブなオーラを出していた。知らない世界で萎縮することもなく、新しい経験を楽しんでいた。ゴールの近くに何気なくパスを出したら、いっしょにプレーしていたアメリカ人選手が空中でボールをキャッチして、そのままダンクを決めたこともあった。人生で初めてのアリウープ・パス[※3]だ。

「ロブパス[※4]を上げたらダンクしちゃったよ、みたいな」

※3 アリウープ・パス 着地せずにダンクシュートをするために空中で受け取るパス。

※4 ロブパス 山なりに放るパス。

間違いなく、手ごたえがあった。

バスケ一家に生まれ育つ

合格は、母親からのＬＩＮＥメッセージで知った。バスケ部の遠征で京都《きょうと》にいたときだった。母からのメッセージが来る少し前に顧問の先生と進路の話をして、指定校推薦で国内の大学に進学することもできると聞かされたところだった。

「今、スラムダンク奨学金の結果を待っているので、もしだめだったらお願いします」

そんな話をした少しあとに、母からＬＩＮＥでメッセージが届いた。

酒井によると、母とのＬＩＮＥでのやり取りはこんな感じだったという。

母　「来たよ、来たよ、封筒」

達晶　「あ、そうなの？」

母　「開けちゃった。受かっているよ」

自分で封筒を開ける緊張感もなく、母が封を切るのを待っている間にドキドキする暇《ひま》もなく、あっさりと結果がわかった。

「開けてくれたのはよかったですけれど、でも正直、『そんな早々と開ける？』って思って。LINEで聞いたから、僕は実物見てもいないんですけれど、でも、嬉しかったです」と、当時を思い返して笑う。


酒井のまわりには常にバスケットボールがあった。生まれ育ったのは石川《いしかわ》県野々《のの》市《いち》市。金沢《かなざわ》市の隣、日本海近くにある北陸《ほくりく》の町。酒井にとって、大好きな故郷だ。

記憶にある最初のバスケットボールの光景は、体育館で、ミニバスの練習の合間に、あいたコートに出ていき、シュートを打っていたことだ。5歳ぐらいのときだ。ミニバスのチームには2歳上と4歳上の兄たちがいた。両親もバスケットボールをしていて、父はミニバスのコーチ、母もママさんバスケをしていた。バスケ一家だったのだ。

そんな環境だったから、酒井自身もバスケットボールを始めるのはごく自然なことだった。小学校1年のときに自分もミニバスのチームに入りたいと親にせがんだが、父から「まだ早い。2年生になるまで待ちなさい」と言われた。

しかし、結局待ちきれず、1年の終わりにはチームに入っていたという。その頃から思ったことは貫き通し、行動に移すところがあったようだ。

中学は地元にある布水《ふすい》中学校に進学。全国大会に毎年出場する強豪校だ。酒井は2年でゲームキャプテン※5となり、チームを率いる立場になった。3年のときも、もちろんキャプテン。バスケ部だけでなく、クラスでも学級委員を任された。

「『バスケ部のキャプテンやっているんでできないです』と言ったけれど、先生から『学級委員、決まんないからやって』って言われてやったりしました。人を率いるのは好き、かもしれないですね」

バスケットボールでも、中学に入った頃からチームの司令塔の役割を担うポイントガードのポジションをやるようになった。

「布水中に入ったとき、3年に森《もり》井《い》健《けん》太《た》さん※6（新潟《にいがた》アルビレックスBB）がいて、まさに『ポイントガード』という感じの人だったんです。その人に憧れて、追いかける感じでやっていたら、気づいたら（自分のポジションも）ポイントガードだと決まっていました」

もう一人、好きで影響を受けたポイントガードの選手がいる。NBA選手のクリス・ポール※7（オクラホマシティ・サンダー）だ。選手としてのスキルも

※5
ゲームキャプテン
試合中のチームをまとめる役割を持ったキャプテン。

※6
森井健太
2022年現在横浜ビー・コルセアーズ所属。

※7
クリス・ポール
2022年現在フェニックス・サンズ所属。2021年8月にNBA選手会長の座を退く。

抜群なオールスター常連選手だ。現在NBAの選手会長も務めるほどリーダーシップにも長《た》けている。

「運命的だったって思えたのが、クリス・ポールと干支がいっしょで、誕生日も同じ5月6日だったんですよ。クリス・ポールが自分の12個上で」

アメリカ人のポールにとって干支は無縁のはずだが、12歳の酒井少年にとっては、そんなことは関係なかった。スラムダンク奨学金のときと同じように運命を感じて、ポールにもますます惚れ込んでいった。

「プレースタイルも好きだし、人間としても好き。（ポイントガードをもじって）ポイントゴッドって言われてもいる。すごいなって思ったら、もうぞっこんになって。今もずっと好きです」

地元で新たな伝統を作る

高校は、男子バスケットボール部が新設されたばかりの地元石川の北陸学院《ほくりくがくいん》高校に進んだ。県外の強豪校からも勧誘はあったが、地元で新たな伝統を作ることを選んだ。地元愛もあった。顧問の濱《はま》屋《や》史《ふみ》篤《あつ》先生から熱心に勧誘され、いっしょにやってみたいと思ったというのもある。思えば、酒井にとって人生の岐路に立ったとき、いつでも大切な人との出会いがあった。このときもそうだった。

「石川県に恩返しする……じゃないんですけれど、石川県のために戦えたらいいなと思っていた。ずっといっしょにやってきた大倉《おおくら》龍《りゅう》之《の》介《すけ》※8（東海《とうかい》大学バスケットボール部）と石川県に残ってやろうとなって。若いけれど、情熱を持っている濱屋先生と会って、いろんなことを考えているのを知って、この人といっしょにやりたいなと思った」

新設された部の1期生だったので、上級生はいなかった。伝統を作るといえばかっこいいが、実際に1年生ばかりで、3年生が主力の他校と戦うことは、思っていた以上に大変だった。

「中学のときも高校と試合をするときはあって、勝ったり負けたりだったので、できるんじゃないかなと思ったんですけれど、意外と壁があって、自分の中でも大きなチャレンジでした」

だからこそ、実力差を埋める努力は惜しまず、2年、3年とウインターカップに連続出場することができた。卒業後のチームがウインターカップ3位になっている。

「自分らの代からずっと全国大会に出ていて。自分たちが築いてきたものが続

※8
大倉龍之介
2022年現在富士通男子バスケットボール部所属。

いていくことの嬉しさはあとになってわかる。そのときは本当に苦しかったですけれど、今はすごくよかったなと思っています」

丘を走る早朝トレーニング

高校では地元石川にこだわっていた酒井だが、スラムダンク奨学金第9期生に選ばれると、県外どころか、一気に国外に飛び出た。

「出るなら大きく出たいと思っちゃって」

不安はまったくなかった。トライアウトのときに垣間見た世界に飛び込み、その中でバスケットボールができることが楽しみでしかたなかった。

スラムダンク奨学金で留学していた14か月で、忘れられない思い出がある。

留学して最初の1か月、前の年からセントトーマスモアに留学していた角野《すみの》亮伍《りょうご》[※9]（2020年5月にサザンニューハンプシャー大学卒業）と共に早朝トレーニングをしたときのことだ。もともと角野が一人でやっていたトレーニングで、そのことを知った酒井はすぐに「いっしょにやらせてください」と頼みこんだ。しかし、角野からは断られてしまった。

人によってはそこで諦めるところかもしれないが、酒井は粘った。早朝、角

※9
角野亮伍
2022年現在シーホース三河所属。

野がトレーニングに出る時間の前から部屋の前で待ち構えていたのだ。
部屋から出てきた角野は、酒井がいるのを見て、「まじか」と一言。そこから、二人の早朝トレーニングが始まった。

朝5時半に部屋を出て、学校の敷地内にある丘を毎日走った。ランニングに、ダッシュやフットワークを繰り返した。

まもなく角野はセントトーマスモアを卒業して去っていったが、その後も酒井の早朝トレーニングは続いた。セントトーマスモアが夏休みの間は、フロリダ州のＩＭＧアカデミー[※10]に移ってキャンプに参加した。このときも、まずは早朝に走る場所を探した。

「ＩＭＧアカデミーに行ったときも、まずは丘を探さないとと思って、朝5時半に起きて、ドアの鍵がどこから閉まるとか、どこが最初に開くとか、全部調べたんですよ。体育館がいつ使えるのかとかも。そこから逆算して、自分のスケジュールを全部決めました。でも、あそこがだめだったのは、スコールが降って丘が水浸しに濡れちゃうんです。『これ、走れねえ』って思って」

濡れた丘を走るのを諦めた酒井は、それでも早朝に起きることはやめず、ランニングの時間を単語勉強にあてた。その後、6時から開くカフェテリアでヨーグルトを食べて、6時半に開く体育館でシュート練習。8時に他の選手が

※10
ＩＭＧアカデミー
フロリダ州にあるスポーツ選手のための寄宿学校・トレーニング施設。

来るまで、1時間余り、シュートを打つことができた。そうやって自分で予定を組み、タイムマネージメントすることで、無駄なく1日を過ごすことを考えるようになった。

夏が終わり、再びセントトーマスモアに戻ってからも、朝5時半からのトレーニングは続いた。毎日続けることで、地面にその跡が残るようになった。

「最初、丘が緑だったんですけれど、最終的に土の色になっていて。あと、（校内の）湖のところにある砂浜も走ったんですけれど、最初、砂浜がめっちゃ固かったんですよ。でも、ザッザッと蹴るように走ったら、そこが軟らかくなっていって。そういう変化が、セントトーマスモアにいた間の一番の思い出かもしれないです」

酒井が毎朝走っていたという、
セントトーマスモア校に隣接する湖の砂浜。
撮影／スラムダンク奨学金事務局

涙の丘

トレーニングに励んだのと同じ丘で、涙を流したこともあった。

セントトーマスモアでのシーズンが始まってしばらく、ほとんど試合に出られない時期があった。そんなとき、夏の間にキャンプに行っていたＩＭＧアカデミーのチームとの対戦があった。結果はぼろ負け。しかも、酒井自身は試合に出ることもできなかった。

実は、酒井は夏が終わる前にＩＭＧアカデミーのコーチから「秋になってもうちに残らないか？」と打診されていた。1年前に第8期生の猪狩渉《いがりわたる》が同じように勧誘され、猪狩はＩＭＧアカデミーに残っていた。

しかし酒井はその誘いを断り、当初の予定通りにセントトーマスモアに戻った。

「俺にはもうＳＴＭ（セントトーマスモア）スピリットがあるからとかって言って断ったんです。ジェリー・クインコーチも好きだったし」

そんないきさつがあったのに、試合ではコートにすら立てなかった。

「試合が終わったあとに列になって挨拶するじゃないですか。ＩＭＧのコーチや選手はみんな知っている人たちで、『うちに来ればよかったのに』というようなことを言われて。正直、自分でもＩＭＧに残ったほうがよかったのかって思いました」

その後も出番がほとんどない試合が続いた。ＩＭＧに残ればよかったのだろうか。あるいは日本の大学に行ったほうがよかったのだろうか。そんな自問自答をしながら丘に行き、一人涙を流した。

「あのときが一番つらかったですね。勉強も大変だったけれど、バスケをやりに来ていて、それができないっていうのが一番悔しかったです」

自信がなかったわけではない。むしろ、自分では、この中でもできるという自信があった。サイズこそ小さかったが、それを補えるスキルやゲーム理解力があった。それだけに、実力を発揮する場がないことがもどかしくてしかたなかった。

「絶対できるっていう自信があった。やれると思ったから来た」

悔しい思いを抱きながら、毎朝、5時半に起きて丘でのトレーニングを続けた。勉強も、チーム練習も全力で取り組んだ。

そうしているうちに、転機が訪れた。勝てないチームを変えようと、クインコーチがラインナップを大きく変えたのだ。酒井もスターターに抜擢された。

裏で努力し、練習でも手を抜かなかったところを見ていてくれたのだ。

「練習をしっかりやっていて、朝練とかに来ているやつを出すって言われて、スタメンになりました。そこから、シーズン最後までスタメンでした。こうやって、人はもがいて続けることが大事なんだなって思いました」

　スターターとして試合に出るようになった直後に、もう一つの転機があった。クインコーチは、毎試合、開始前に最初のセットプレーを指示するのだが、そ

小柄ながら、司令塔として声とプレーでチームを引っ張り、存在感は抜群。2020年1月、ボーディン大学との試合にて。
撮影／宮地陽子

末っ子ながら、長男だと思われることも多いという。ハキハキした口調で留学経験を語った。
撮影／宮地陽子

の指示をきちんと聞いていなかったチームメイトが別のプレーをコールした。酒井が違うプレーだと指摘したが、「タツは英語わからないからだめだよ」と押し通されてしまった。

結果、指示と違うプレーにコーチが怒り、酒井が言ったプレーが正しかったことがわかった。間違ったプレーをコールした選手は、一度ベンチに下げられた。

「そのあと、そいつが交代して出てきたときに、横に来て『お前が正しかった、ごめんな』って言われました」

それ以来、酒井はポイントガードとしてまわりからも信頼されるようになった。一度、きちんと役割を果たせると証明すれば、外国人であっても信頼を勝ち取り、リーダーとして認めてもらえる。そう自信をつけた。

「最初は言葉の壁もあったけれど、何が必要で、何を言うべきかとかはそんなに変わらない。練習をしっかりやっていれば見てくれるし、それを感じ取って、聞いてくれる、そうやって信頼関係は築けているなと思う。今はそんなに、難しいな、とは思わないです」

最終的にコーチになりたい。それが自分の道だ

スラムダンク奨学生に選ばれたことで、人生が１８０度変わったと酒井は言う。それまでは、日本で大学に進学し、ふつうに就職して働く将来を思い描いていた。それが、スラムダンク奨学金でアメリカに行ける、アメリカでバスケットボールができるとわかったことで、「バスケットボールで生きていこう」と考えるようになった。自分自身の意識、そして覚悟の変化だった。

「バスケットボールで生きていく」といっても、思い描いていたのは、小学校の文集に書いたような、ＮＢＡ選手になることではなかった。

「最終的にコーチになりたい。それが自分の道だ」と酒井は言う。

父がコーチをしていたことも影響していた。さらに、憧れのクリス・ポールが、夏の間に子どもたち向けのクラブチームでコーチをしていたことも刺激になった。

目標を定めると、大学のディビジョン[※11]へのこだわりもなくなり、進路も自然と見えてきた。酒井が選んだメイン州セントジョセフ大は、ＮＣＡＡディビジョンⅢに所属している。ディビジョンⅢは小規模の大学が多く、ディビジョンⅠのようにスポーツで名前が知られているわけでもなく、エリートレベルの

※11　ディビジョン　アメリカの大学スポーツにおけるリーグの階級を表す言葉。大学の規模やスポーツ予算によってディビジョンⅠ～Ⅲまであり、ディビジョンⅠが最上位。

選手もいない。しかし、コーチを目指す視点から見ると、選手視点とは違う宝箱のような場所に思える。

「最初はディビジョンⅠの大学に行って、上のほうを目指したいなと思っていた。コーチになりたいと考えるなかでも、ディビジョンⅠやディビジョンⅡに行くっていう道もあったんですけれど、でもディビジョンⅢの人たちって、コーチになりたい、教える側になりたいという熱意をもった人たちが多くて、勉強熱心な人が多い。そうやって学んでいる人と会えるのがいい」

実際、卒業生のなかには、ＮＢＡ選手のためのスキルコーチ※12をしている人や、ディビジョンⅠの強豪大学でストレングスコーチ※13をしている人もいる。ヘッドコーチも、常に勉強し、新しい戦術を積極的に取り入れようとしている。そういった人たちとの出会いがすべて、将来に向けての財産だ。

そして、そういった出会いのきっかけとなったスラムダンク奨学金は、酒井にとって、間違いなく「運命」の糸だ。

「それまでもバスケに集中してやってきたけれど、それがより強固になった。そういう人生、運命なんだって思った。だから、自分にとってはすごくスラムダンク奨学金は大きいです」

※12
スキルコーチ
バスケットの技術を教えることに特化したコーチ。

※13
ストレングスコーチ
筋力トレーニングなどのサポートをするコーチ。

©GUNMA CRANE THUNDERS

それから、2022年までの酒井達晶

大学最後のシーズンはコロナ禍でシーズン開始が遅れ、さらに開幕直前にはアキレス腱断裂を負って試合に出られなくなるなど、次々と困難が押し寄せた。しかし、持ち前のポジティブな姿勢で、あいた時間を使ってオンラインでコーチングの勉強をしたり、人脈を広げるなどして着々と準備。卒業後には、大学同窓のスキルコーチのもとでNBA選手のワークアウトの手伝いをするという貴重な経験を積んでから帰国。現在はBリーグ群馬クレインサンダーズのアシスタントコーチ兼通訳を務めている。アキレス腱の故障も治り、選手としての復帰も視野に入れるが、あくまで最終目標はコーチだ。

『SLAM DUNK』で好きなキャラクター、シーンは?

好きなのはやっぱり、同じポイントガードの宮城《みやぎ》リョータ。山王《さんのう》戦のときにプレス・ディフェンスに当たられて、ボールを持ったリョータが「流れは自分たちでもってくるもんだろがよ!!」っていう場面が好きです。やっぱすごいなって思って。この試合中に、彩子《あやこ》さんがリョータの手に書いた「No.1ガード」は自分のラップトップの壁紙にもしています。自分も一番のポイントガードになりたいと思って。ナンバーワンガードってどんなガードだろうって考えて、チームを勝たせられるポイントガードだと思った。

『SLAM DUNK 新装再編版』17巻より

『SLAM DUNK 新装再編版』18巻より

サウスケントからセントトーマスモアに変わって最初の奨学生がタツでした。彼の流した涙、努力、バスケＩＱと楽しむ姿勢がクインコーチの信頼につながったはずで、それがあったからこそ、受け入れ校との良い関係が続いていると思います。

（井上）

自分らしくやればいい
激しい競争の中で見出した独自の強み

#3

山崎　稜

第4期生

写真は取材当時（2020年3月）のものです。
撮影／伊藤亮

山崎　稜　やまざき・りょう

1992年9月25日生まれ、埼玉県出身。昌平高校3年の2010年、ウインターカップに出場し初戦で敗れるもチーム最多の21得点を挙げる。11年3月スラムダンク奨学金第4期生として、サウスケントスクールに留学。12年にタコマコミュニティ大学に進学するが、翌年帰国し、埼玉ブロンコスに練習生として加入。以後、14年バンビシャス奈良（bjリーグ）、15年富山グラウジーズ（bjリーグ）、17年に栃木（現宇都宮）ブレックス（Bリーグ）、20年より群馬クレインサンダーズに所属。シューティングガード。183cm、80kg。

ギラギラの野心を隠さず、
厳しい競争の中へがむしゃらに飛び込んでいく。
それが若者らしい夢を追う姿だとすれば、この男は一線を画す。
寡黙にして粛々《しゅくしゅく》と事を成す。
自己主張が激しいアメリカの風土と対極的な性格の持ち主、山崎稜。
彼が辿った成長の軌跡とは。

激しい競争社会の中の平和主義者

物事の中心から一歩退いて後ろから全体を見る。幼い頃からそうだった。

「ミニバスの時も、選抜チームに呼ばれた時にコーチの話を後ろの方で聞いてたりとかして、よく両親に怒られてました。『もっと前に出て話を聞け』と。消極的というか、自分から行けないタイプでした」

２０１９‐２０シーズン、所属するBリーグ1部の宇都宮《うつのみや》ブレックスを取材させていただいた際も印象は大きく変わらない。練習時に座る椅子は一番端。円陣も最後方。発する声は必要最小限。しかし、だからといって緊張しているわけでもなければ孤立しているわけでもない。ゲーム練習でも効果的なプレーを随所に見せる。阿吽《あうん》の呼吸でのパスの受け渡しや、すれ違いざまにタッチする自然な流れからチームに溶け込んでいるのが伝わってくる。寡黙だが確実にチームの中にいる、不思議な存在感の持ち主だ。

「マイペースといいますか。かといって引っ込み思案というわけでもなければ萎縮しているわけでもありません。今まで人付き合いが難しいと感じたことはないですね」

自分のことを「平和主義者」と言い切る。プロスポーツの激しい競争社会に身を置きながら「どこかで平凡な日常を望んでいる」のだそうだ。

「これまでずっとそうなんですけど、怒ったりとかしないですね。沸点が全然ないんですよ」

スラムダンク奨学金第4期生の山崎稜。彼は、それまでに選出された第3期生までとは明らかに異なるタイプの選手だった。

先輩に救われたトライアウト

生粋のマイペース人間。だから、埼玉《さいたま》の昌平《しょうへい》高校2年時にスラムダンク奨学金へ応募することになった時も、過度に期待することはなかった。

「恩師の畔川秀雄《あぜかわひでお》コーチのもとにパンフレットが届いたみたいで、僕に話を持ってきてくださったんです。当時、第1期生の並里（成）さんの留学記事を専門誌で読んでいたので奨学金制度のことは知っていました。ただ、自分にとって現実的な話ではないな、というのがあり。並里さんも、第2期生の（谷《たに》口《ぐち》）大智《だいち》さんも（早川《はやかわ》）ジミーさんも国内トップクラスの選手でしたから、そういう人が選ばれるんだろうと。ただ、第3期生の（矢代《やしろ》）雪次郎《ゆきじろう》さんは練習試合もした身近な存在だったので、自分にも少しだけチャンスはあるのかなと感じましたけど」

無事書類選考を通過し、現地（サウスケントスクール）での最終トライアウトへ。必要以上にアピールする性格ではない山崎にとって、救いとなったのは先輩だ。

「僕がトライアウトに行った時は、まだ第2期生、第3期生の方々がいて、いっしょに交ざって5対5のゲームをしたんです。僕は外からのシュートが持ち味なのでそれを狙っていました。そしたら、たまたま同じチームになったジミーさんがめちゃめちゃパスをくれて。そこからのシュートが結構入ったんです。まぐれかどうか、打てば入る状態になって。だから手ごたえは感じていました。でも実際合格した時は驚きましたけどね。〝あ、マジか〟みたいな」

もともと高校を卒業したら日本の大学へ進学するつもりだった。大学側からスカウトされることはなかったという。だからあわよくば指定校推薦で、無理なら一般受験で大学に入り、バスケットボールを続ける予定だった。それが、高校2年時でアメリカ行きが決まった。

「高校は自宅から通ってましたし、渡米して初めての寮生活など多少は不安もありました。でも、それよりワクワク感が上回っていたのを憶えていますね」

ちなみに、高校を卒業して渡米したのは２０１１年3月下旬。日本は東日本大震災直後で、日常が日常でなくなっていた時期だ。もちろん世間の状況を目にしても耳にもしていたが、急な不安に襲われるなど、動揺することはなかったという。

留学生活の方向性を決定づけた先輩のアドバイス

「僕が渡米した時、第2期生の方はもういなかったのですが、第3期生の雪次《ゆきじ》郎《ろう》さんとは2か月くらいいっしょだったので、本当に頼りっぱなしでした」

山崎が、初めてのアメリカで生活をスムーズに始められたのは、改めて先輩の存在が大きかったという。スラムダンク奨学金の留学期間は14か月。3月に入学し、翌年5月に卒業するのが一つの流れだ。つまり新期生は3月から5月の間の約2か月間、前期生と生活が重なる。

「ずっと後ろについて『今、英語でなんて言ったんですか?』とか質問しまくってました。雪次郎さんと僕とではだいぶ性格が違います。彼は自分からぐいぐい話しかけて、練習の時も積極的に声をかけられる。僕にはそのぐいぐいさがない。実際、雪次郎さんがいなくなってからは一人でシューティングの練習しかしてないですし、自分から他の選手に話しかけて練習に付き合ってもらったこともありません」

そうなることは分かっていたし、不安だった。だから先輩が去る前、正直にその思いをぶつけた。

「そうしたら『自分らしくやればいいんじゃない』と言われまして。『自分に合わないことを無理してやってもストレスになるだけだから』と。結局、チームメイトには最初に自分がどういう性格か伝えられなかったぶん時間はかかり

留学当初、面倒を見てもらい心の支えになった
第3期生の矢代雪次郎（左）と。
撮影／根本真吾

ましたが、徐々に感覚で理解して接してくれるようになりました。適度に距離を取ってくれたので、人間関係で苦になることはなかったです」

　サウスケントスクールへの留学は最終学年での編入になる。山崎の時は、最終学年の生徒は希望すれば寮の一人部屋をあてがってもらえるようになっていた。マイペースの彼にとっては、それも大きな助けになっただろう。さらに、バスケット以外の仲間の存在が孤独感を打ち消してくれた。

「学年は一つ下なのですが、日本から交換留学生が二人来ていました。彼らと日本語で会話していたので、孤独感は和らぎましたね。あと、留学して2か月くらいするとすぐ夏休みになるんですが、そこで台湾の子と仲良くなって。話し相手としてとても貴重でした」

　チー・チェンという名の台湾からやってきた生徒は一般留学。お互い英語が不得意な間柄なら、逆に気兼ねなく話しやすいというもの。さらに食事面でも助けてもらったという。

「現地の食事は、ほぼジャンクフードなんですが、最初のうちは美味《おい》しく食べられたんです。でもメニューが約1週間でローテーションしていくので、すぐ飽きてしまう。そこで彼がよくデリバリーで注文していたチャイニーズのボックス弁当を、僕も頼ませてもらっていました」

冷静に考え、無理なく遂げていった成長

留学した当初は頼りになる先輩がいて、次に同じ日本人と出会い、さらに同じアジア圏の友人ができて……。無理なく、自然と居心地のよい環境が形作られていくのは、屈託のない人柄によるところも大きいだろう。スムーズな成長曲線は、学業、そしてバスケットにも通じていくことになる。

「アメリカでの英語は最初、全然分かりませんでした。返答もＹｅｓとＮｏばかりで」

それまでも奨学生を苦しめていたのが英語の習得。そこで、奨学金事務局側もトライ&エラーを経て、新たな試みを始めていた。

「学校が夏休みになってからロードアイランド州の語学学校へ行ったことで、徐々に耳が慣れてきました。留学して間もない時期にネイティブでない生徒たちだけで集まって学べたことで、ゆっくり余裕をもって英語に向き合えました」

サウスケントスクールの学生は、ほとんどがネイティブのアメリカ人。なので、いきなり授業に参加すると英語レベルに格差がありすぎてついていけない。そこで入学後すぐにやってくる6月からの夏休みで集中的に英語の基礎レベルを上げておく。この試みのおかげで、「意外なほど」すんなりと英語が身体に

染み込んできた。

　不安だった英語習得の見通しが立った一方で、肝心のバスケットはどうだったのだろう。先輩たちのように国内で名が売れるほど実力が飛び抜けていたわけではない。しかも競争の激しい闘争心むき出しの世界で一人、目立って主張することをしない性格で、どうやって評価を得ていったのか。

「高校時代からシューターへ徐々にシフトしていました。シュートのほとんどが外からのスリーポイントシュート。分かりやすいプレーであるぶん、アピールもしやすかったんです。実際に留学してプレーしてみると、ドライブで切れ込んでいっても、みんな高くて手も長くてジャンプ力もあって止められてしまう。特に当時、同じチームのセンターがめちゃくちゃでかくて。それでドライブよりスペースが空いたら外からシュートを打つ方により選択肢が寄っていきました」

　チームには将来ＮＢＡ入りを夢見る若者ばかり。日本よりレベルは当然高い。でも山崎は、そんな現実に圧倒されることも動揺することもなく、ただただ冷静に自分が勝負できるポイントを見極めていった。

「チームにはめちゃめちゃ上手い選手がいたんです。リカルド・リドーって名前だったと思うのですが、ドライブもできてダンクも決めまくって、外からのシュートも決めるみたいな。大会ではいつも注目されてスポットライトを浴びる存在でした。彼と同じプレーをしても見てもらえない。であれば、外からのシュート一本で勝負できたらちょっとは目立つかなと思ってプレーを絞っていたのもあります」

それからというもの、個人練習のすべてをスリーポイントシュートにあてた。

とはいえ、練習時間はそんなに多く設けられていない。それならば、と率先し

高校時代からこだわってきたスリーポイントシュート。
アメリカでさらに磨きをかけた。
撮影／スラムダンク奨学金事務局

て取り組んだのがウエイトトレーニングだった。
「体育館が閉まっている時も、ウエイトルームは開いていたんですよ。なので練習後のホームワークの時間を割いて行ったりしてました。とりあえず体重を増やして当たり負けしないようにしないと、なめられますし話にならないので。トレーナーはいなかったのですが、試合の時に入ってくれるコーチの人にメニューを聞きました。上半身しかトレーニングしなかったので、今よりもっとすごい筋肉がついて。帰国後同級生に会って言われた第一声が『ごつっ』でした」

　自分の強みを見出《みいだ》し、必要なことを抽出し粛々と遂行していく。すべて自分で考え試行錯誤し、答えを出していく。

　結果、どうなったか。シーズン開幕当初は途中交代で申し訳程度にしか試合に出場できなかったのが、徐々に外からのシュート力を買われスタメンで出場するようになった。資料を見ると、他の選手のスリーポイントシュート成功率が30％台であったのに対し、山崎のそれは60％台で、これは驚異的な記録であるとサウスケントスクールのコーチが証言している。

腹を据えて決意した覚悟を貫く自分

スリーポイントシュートに活路を見出した山崎。しかし、当然最初からすべてが上手くいったわけではない。

「最初は高い壁に阻《はば》まれ、めちゃくちゃ外す時もありました。でも、そこでしか勝負できないと思っていたので。ブレなかったというか、〝外しても次決めてやる〟という気持ちで打たなければ勝負にならなかったといいますか。誰かに言われたとかではなく、勝手に退路を断っていたんです」

どの分野にも共通して言えることだが、成功と失敗を分ける大きな要因の一つにメンタルがある。特にフープ[※1]の中心から6・75mも離れたスリーポイントラインの外側から放つスリーポイントシュートは、距離が遠いぶん些細な気持ちの揺れで生じるミリ単位のズレ、コンマ単位の角度の違いで成否が分かれるデリケートなシュートだ。だからこそ成功率の高い選手は評価され重宝されるのだが、なぜ山崎は失敗しても群を抜いて高い成功率を維持できたのだろうか。

「失敗しても切り替えが上手にできたのはあると思います。もともとあまり深く考えない性格だったのもありますが、とにかく自分がアピールできるのはス

※1 フープ
ゴールの対象となるバスケットのリングの部分のこと。

リーポイントシュートだけと割り切っていたので。であれば、いくら外そうと打っていかない限り入らないじゃないですか」

今でも持ち続けている「成功の感覚」というものがある。

「同じ指にひっかけて、アーチが高く描けるように放つ最後の調整みたいな動作が自分の中にあるんです。最後、指にちゃんとかかれば必ず同じ軌道で飛ぶ。だから、ボールが指から離れた瞬間に入るかどうか分かるんです」

本人にしか分からないこの繊細な感覚も、メンタルが少しブレるだけで見失ってしまう。すると感覚を信じられなくなり、スランプに陥っていくのはよくある例だ。しかし山崎は、いついかなる時もこの感覚がブレたことはないという。

「いい意味で自分があったと思います。いくら周囲が変わろうと、自分は自分の世界を持っていたといいますか。周りのことはあまり気にしなかったですね」

腹を据えて決意した覚悟を忘れず、周囲に惑わされることなくひたすら貫く。話していると、どうしても物腰が柔らかい印象を抱くが、じつは何事にも動じない確固たる自我の持ち主だということだ。だから、いかなるプレッシャーの下でも練習で培った通りの実力を発揮できる。極めて高い安定度でのパフォーマンス。これぞ、山崎稜という選手の武器であり、強みかもしれない。自身、アメリカに留学して初めて気づかされた事実だった。

スラムダンク奨学金で得られた最大の収穫は、「自分をよく知れたこと」だという。

「アメリカに行ってみて、自分が思っている以上にマイペースなんだと実感しました。日本にいた時も薄々感じていましたけど、バスケット漬けだったのでそこまで意識することはなかったんです。でもアメリカに行って勉強や日々の生活を通して、自分って考え方も含めてすごいのんびりしているんだと知りました」

チームは自己主張型の選手ばかり。試合では相手と、練習では仲間とも

留学中は仲間のマネをして「dammit!」（ちくしょう！の意）という英語が口癖だったとか。
撮影／伊藤 亮

しょっちゅう喧嘩になる。先輩たちもその喧嘩に巻き込まれたという話は聞いていた。

「でも僕はいつも我関せず、見ているだけで。一度、試合中に相手のダーティなプレーで倒されたことがあるんです。そしたら味方が相手に詰め寄って審判が必死に止めに入ってたんですけど、くらった僕自身は『いってー』と倒れながらずっと見ているだけでした。〝周りが盛り上がってまたなんかやってるなあ〟と思いながら」

ケガとは無縁だったが、一度だけ試合中に相手の肘が入り、目の上を切ったことがある。急いで病院へ運ばれたが、どんなに待っても診療してくれない。いい加減コーチがブチ切れる一方、本人は暇を持て余して当時既《すで》に整備されていたＷｉ－Ｆｉの電波を探し求めていたのだとか。本来なら自分が激昂するところなのに、まるで他人事だ。

「遠征時も、片道8時間かかるようなめちゃくちゃ遠いところに行ったりするんです。行きと勝った時の帰りは、みんなで騒いでるんですよ。でも、僕はしばらくしたらすぐにヘッドフォンして音楽を聴いてました。ちなみに負けた試合の帰りはコーチがめちゃくちゃ怒って『お前ら、到着するまで喋るな』って言われるんですけどね」

　ほかにもエピソードを聞いたが、なんとも落ち着かない毎日だ。それでも飄々《ひょうひょう》としていた日々が、本人ですら知らなかった内面の発見に結びついたのだった。

ゴールを設定せず高みを目指し続けて

「身体能力が高い選手たちと対しても外からのシュートを決めてアピールできたのは自信になりました。こういうプレースタイルならアメリカでも通用するのかなと」

　当初はアメリカでプレーする希望はなかった。しかし卒業が近づくにつれ、アメリカでプレーを続けたいと考えるようになった。実際、リクルートを担当していたコーチの元には複数の大学から誘いが来ていたという。また、進学できる学力も備わりつつあった。だが、なぜか本人に知らされることはなかった。

「進路が定まらないまま、遂には卒業して帰国してしまい。〝え、進路決まってないけど？〟と。そこで奨学金事務局の人に問い合わせてもらって、複数の選択肢の中から2年制のタコマコミュニティ大学に進学を決めました。大学から誘いが来ていたのは後から知ったんです」

重要な進路を決める際のすったもんだも、あっけらかんと話すのがなんとも〝らしい〟。そして進学した大学も、1年で退学してしまう。
「ちょうど夏休みに地元の埼玉ブロンコス（当時b・jリーグ[※2]）でトライアウトがあることを知って。アメリカに荷物を置いたまま試しに受けに行ってみたんです。そしたら声をかけていただいて。当時大学でもそんなに試合に出られていなかったし、アメリカでプレーを続けることに迷いもあって。日本でならまだ大学生の年齢から早めにb・jリーグでプレーを始めるのもいいかなと」

山崎は己の人生を「俺はこれで生きていくんだ！　と決めつける感じではなく、なんとなくなあなあで進んでいっている」と笑う。そして、自然の川の流れに乗るように進路を選択してきた彼は今、4年前に開幕した日本の男子プロバスケットボールリーグの最高峰、Bリーグ1部の宇都宮ブレックスで3シーズン目を終えた。宇都宮ブレックスはBリーグ初代王者にして、チャンピオンシップにも毎シーズン進出する日本を代表する強豪チームだ。

目標の設定方法には大きく分けて二通りある。一つは将来のゴールを決め、そのゴールから逆算して日々の取り組みを見出していく帰納的な方法。もう一つは日々できることを最大限行い、その積み重ねでどこまで結果を伸ばせるか追求していく演繹《えんえき》的な方法。後者のタイプであろう山崎稜という男は、スラム

※2
bjリーグ
2005～2016年に存在した日本プロバスケットボールリーグの通称。Bリーグの前身となった組織の一つ。

ダンク奨学金の留学を終えてから8年後の今、日本最高峰のチームに欠かせない存在までになった。

争いごとを好まない寡黙な愛されキャラ。でも自分で突き詰めた考えを頑なに貫き通し、粛々と結果を出していく。どこか『SLAM DUNK』の神宗《じんそう》一郎《いちろう》とキャラクターが重なってくるのは気のせいか。スラムダンク奨学金を通じて確立された、強烈な自我を内に潜める個性。最終的にどの高みまで到達するのか——それは本人にも分からない。

©GUNMA CRANE THUNDERS

それから、２０２２年までの山崎　稜

安定したプレーでＢリーグ屈指の強豪チーム・宇都宮ブレックスの勝利に貢献。しかし２０２０年、大型補強を敢行した当時Ｂ２の群馬クレインサンダーズへ目玉選手の一人として移籍。得意のスリーポイントシュートで２０２０－２１シーズンのＢ２東地区52勝５敗という驚異的な記録の立役者の一人に。その後のＢ２プレーオフも勝ち抜き、見事Ｂ１昇格を果たす。その後も群馬でプレーを続け、２０２２年にはスラムダンク奨学金の先輩・並里成と同じチームでプレーすることとなった。ちょうど30歳の節目となるシーズン、マイペースの中にも仲間を鼓舞するシーンが目立ってきたように見える。

『SLAM DUNK』で好きなキャラクター、シーンは?

『SLAM DUNK』は何回も読み返してますね。アニメも繰り返し見てます。好きなキャラクターは何度か聞かれたことがあるのですが、毎回悩みどころで。ポジションがかぶる三井寿も好きですし、神宗一郎の努力家な部分も好き。仙道《せんどう》彰《あきら》もあの脱力感が好きです。ただ、一番好きなシーンとなると、山王戦の最後に見せた花道《はなみち》と流川《るかわ》のタッチのシーンが、何度読んでもマジで鳥肌が立ちます。そういえば、中学生の頃は流川の沸点が高いクールなところに憧れてたりしました。

『SLAM DUNK 新装再編版』20巻より

「最大の収穫は、自分をよく知れたこと」。とても稜らしいなと思うし、彼がこの奨学金制度を使ってくれて本当に良かったと改めて思いました。自分らしく生きる、これ以上に価値あることはそう多くはないです。

（井上）

『SLAM DUNK』の世界に憧れたアメリカ育ち 悩みながら高みを目指す

#4

鍵冨太雅

第10期生

ニューヨークの競争社会で育ちながら、
人と競うより調和を好み、
何でもできる才能を持ちながら、
すべてに物足りないと悩む。
日本とアメリカの二つの文化の間で揺れる鍵冨太雅にとって、
スラムダンク奨学金での留学は自分の原点への回帰だった。

写真は取材当時（2020年1月）のものです。
撮影／宮地陽子

鍵冨太雅　かぎとみ・たいが

1999年3月8日生まれ。4歳から11歳までニューヨーク州で過ごす。ニューヨークのクラブチーム、リバーサイド・ホークスに入り、全国大会出場を果たす。2014年福岡大学附属大濠高校に入学。同年インターハイ優勝。ウインターカップ準優勝。15年よりU16、U18日本代表に選ばれ、U16ではキャプテンを務める。U19日本代表では世界選手権を戦い、世界10位を記録。17年スラムダンク奨学金でセントトーマスモア校入学。18年メイン州ボウディン大学に進学、22年に卒業し、同年より茨城ロボッツ（Bリーグ）に所属。シューティングガード。195cm、89kg。

バスケットボールの原体験はニューヨークで

「やっと戻れる」

スラムダンク奨学金第10期生の合格通知を受け取ったとき、鍵冨太雅は、ほっと安堵《あんど》したという。

歴代のスラムダンク奨学生にとって、合格通知は新しい世界への扉を開いた瞬間だったが、鍵冨の場合は少し違った。人生の新しいチャプターの始まりでもあったが、それだけではなく、自分の居場所であるアメリカの東海岸に戻ることができる機会だった。

元々、奨学金の合否にかかわらず、日本の大学に進むことは選択肢になかった。アメリカに「戻りたかった」のだ。それに、奨学金に合格する自信もあったという。何と言っても言葉の壁がなく、英語で現地のコーチやチームメイトと問題なくコミュニケーションをとることができる。

「ようやく戻れるんだなって安心感と同時に、ここから始まるみたいな、スタートを切ったような気持ちにもなりました」

鍵冨にとって、人生の、そしてバスケットボールの原体験はニューヨークにあった。商社勤務の父の転勤に伴い、4歳から11歳までニューヨーク郊外に暮らしていたのだ。ニューヨークに引っ越して間もなく、近くの公園で父に教わりながらシュートをしたのが、記憶にある最初のバスケットボールの思い出だった。父、鍵冨善宏《かぎとみよしひろ》は元ＪＢＬ（日本リーグ）丸紅《まるべに》トレーダーズの選手で、バスケットボールはいつも近くにあった。

6歳の頃にバスケットゴールを買ってもらい、家の前で好きなときにシュートを打てるようになると、どんどんバスケットボールに夢中になっていった。

「まわりの友達はいろんな好きなスポーツを楽しんだりしていたなかで、自分はバスケが飛び抜けて好きだったんです」

毎日午後、学校から帰ってくると家の前でシュートを打ち、父親が帰宅するといっしょに練習。そんな毎日だった。父に連れられてレッスンや子ども向けのバスケキャンプにも行き、基礎を教わった。8歳の頃に地元のＡＡＵチーム（クラブチーム）に入り、チームでプレーする楽しさを知った。9歳になるとマンハッタンのハーレムにある強豪ＡＡＵチーム、リバーサイド・ホークスのトライアウトを受けた。ハーレムの教会の地下と横にある暗いコートを見て、子ども心にも、あまり治安がよくない場所だというのは感じたという。ほかにアジア人は誰もいなかった。

それでも、自分の力を試してみたいという気持ちのほうが強かった。

「自分がどこまでできるかっていうのを試したかった。当時は〝シティ〟に出ないとなかなか強いチームは見つからなかったんで」

〝シティ〟とはマンハッタンのこと。リバーサイドは、〝シティ〟の中でもトップクラスのチームだった。

トライアウトを受けた数十人の中から、合格したのはわずか3人。年齢別のチームで、募集していたのは抜けた選手の補充だったのだ。そして、その3人の中に鍵冨も入っていた。年齢にしては長身で、まわりの選手よりも基礎ができていたところが認められたようだった。

入った後に知ったことだが、リバーサイドは過去にはエルトン・ブランド[※1]やロン・アーテスト[※2]、ラマー・オドム[※3]など、当時ちょうどNBAで活躍していたスター選手たちを何人も輩出していた。NBAに憧れていた少年にとって、これ以上刺激的な場所はなかった。

「リバーサイドに入ったことはすごいことだったと思います。普通の親だったら、ハーレムのような怖い地域への送り迎えもできないじゃないですか。親のおかげで、普通の日本人ができないような経験をしているなぁと思っていました」

それからは、平日2回の練習に土日の試合と、バスケ漬けになった。リバー

※1
エルトン・ブランド
NBAロサンゼルス・クリッパーズなどで活躍。2022年現在フィラデルフィア・セブンティシクサーズGM。

※2
ロン・アーテスト
NBAロサンゼルス・レイカーズなどで活躍。2011年にメッタ・ワールドピースに改名。2022年現在の名前はメッタ・サンディフォード・アーテスト。

※3
ラマー・オドム
NBAロサンゼルス・レイカーズなどで活躍。

サイドに入って2年目には地元のクラブと掛けもちするようになり、ほぼ毎日バスケットボールの生活になった。アメリカのバスケットボール文化にどっぷりつかっていた。

そんな生活が突然終わりを迎えたのは11歳のとき。帰国することになったのだ。本音を言うと帰りたくなかったが、小学生では親について帰るしかなかった。

リバーサイドでプレーしていた頃の鍵冨少年(23番)。
後のセントトーマスモア留学時に再会し、
対戦した選手も。
撮影/鍵冨雅紀

『SLAM DUNK』を読んで

中学は渋谷《しぶや》教育学園《きょういくがくえん》渋谷《しぶや》中学校、通称渋渋に進学した。帰国生が多く、専用のクラスがあり、アメリカ育ちにとっては居心地がよかった。外国人の先生のもとで外国文学のクラスを受けるなど、学業面で厳しく叩き込まれた。ここで勉強する習慣が身についたことが、後の進路に影響したことは間違いない。

ただ、厳しい中学受験を経て入ってきていたチームメイトのほとんどが勉強を最優先にしていて、バスケに対して夢や野心を持っていなくて、バスケ部も弱かった。リバーサイドでは、チームメイトはみな、ＮＣＡＡ（全米大学体育協会）の強豪大に行きＮＢＡに入るという夢を持っていて、実際、後に夢を実現したメンバーもいた。鍵冨自身も名門デューク大からＮＢＡ入りを夢見ていた。しかし、渋渋ではプロ選手を夢見る生徒はいなかった。

「割とショックでしたね。それまでアメリカで、全国大会の優勝を目指すようなチームでしかバスケをしたことがなかったので、『それなら、みんなは何のためにバスケやっているんだろう』と思いました」

チームでは絶対的なエースだった。しかし、それまで区大会を突破したことがなかったチームを都大会出場まで引っ張り上げるのがやっとで、全国大会出場どころではなかった。

そんななかで、忘れられない試合がある。3年の最後の大会となった都大会1回戦で、当時東京《とうきょう》では強豪と言われていた中学と対戦し、一人で約40得点をあげる大活躍でチームを勝利に導いた。チームの総得点は60点ぐらいだったというから、一人で3分の2の得点をあげたことになる。いわゆる〝ゾーンに入った状態〟だった。

「あの試合は自分でも何か神がかっていて。自分の身体を動かしている感じがなくて、テレビゲームみたいだった。面白いぐらいにすべてうまくいって、あんな試合は初めてでした」

以来、同じ感覚でプレーできたことはまだないものの、その感覚は未だに覚えている。それくらい強烈な印象だった。

鍵冨は当初、高校からアメリカに戻りたいと思っていた。しかし、それを翻し、全国大会常連の福岡大学《ふくおかだいがく》附属《ふぞく》大濠《おおほり》高校に進学することを決めた。その理由の一つに『SLAM DUNK』があった。日本に帰国してから夢中になって読んだ『SLAM DUNK』の世界に惹かれ、自分でも経験してみたかったのだ。

「『SLAM DUNK』を読んで、日本の高校バスケにすごい憧れを感じていました」

アメリカにはなかったような先輩、後輩の序列など、戸惑うことも多かったが、ウインターカップやインターハイに出ることができたのは楽しかった。全国大会に出るチームに行ったことで、年代別の日本代表にも選ばれるようになった。U16代表、U18代表でアジア選手権を戦った。高校卒業後にはU19代表のメンバーとして、八村塁《はちむらるい》（ワシントン・ウィザーズ）らと共に世界を相手

スラムダンク奨学金の留学中にU19日本代表として、エジプトで行われた世界大会に出場した。
撮影/宮地陽子

日常生活は右利きだが、バスケでは初めてシュートしたときから左で打ち、気づいたら左利きに。
撮影/宮地陽子

に戦い、日本男子代表として過去最高となる世界10位の成績をあげた。

それだけ輝かしい実績をあげながら、本人は当時を振り返って、いたって冷静に自分を見つめ、分析する。

「高校のときはあらゆるところでリズムをつかみきれないというか、心残りがあるというか。全体的にいいレジュメの中で、少しずつ大事なところが欠けているというか……。自分の代では全国大会の2回戦で負けてしまったり。代表でもあまりプレータイムが長くなかったり。ところどころで自分にとって悔しい場面があって」

高校時代で一番思い出に残っている試合を尋ねると、高校最後となった試合をあげた。ウインターカップ2回戦の対北陸高校戦。前半は10点ほどリードしていたのに、逆転されて負けた試合だ。

「もっとリーダーシップを発揮して、最後の勝負どころで欲を出してやっていけたら、もしかしたら勝てたのかな。気づいたら負けていたっていう感じで……」

この頃から、「自信」は課題だった。自信がなくて、積極的なプレーができず、中途半端に終わってしまう。

「性格もあるかもしれない。積極的にやるって、けっこう簡単に聞こえるかもしれないんですけれど、自分にとっては一番の課題。性格的に平和主義というか、人と争ったりというのがあまり好きじゃなくて、割と平和にやっていきたい人なんで。そういう、ガツガツしなきゃいけないときにできないのかもしれないですね」

小学生の頃から、アメリカの競争社会の中でプレーしてきたとは思えない言葉だ。

だからといって、夢や野心がないわけでもない。自分の目標のための努力は惜しまなかった。まわりに流されない芯の強さもある。

たとえば、部活の練習が大変ななかでも、アメリカの大学に進学するための勉強は欠かさなかった。練習に多くの時間がとられるため、まずは授業に集中し、メモの取り方をくふうして、少しでもあいた時間には暗記をしたりしていた。移動のバスの中も大事な勉強時間だった。

「チームメイトといっしょに遊びに行くことも魅力的でしたけれど、そもそも、彼らとは目標が違う。自分はアメリカの大学に行きたかったので、そのためには授業で扱わないような内容のSAT（アメリカの大学に進学するための標準試験）を受けて大学に入らなきゃいけないというのを意識するようになって。何が大事なのかとか、優先すること、選択をさらに考えるようになりましたね」

勉強に限らず、いつでもそうだった。目の前のことだけに専念するのではなく、先のことを考え、準備する。

「近い将来の自分がハッピーな状態でいたいじゃないですか。満足していたいので、後悔がないように色々やっておきたいなと思って」

チームの接着剤的な存在

セントトーマスモア（STM）は、日本の高校とは全く違う世界だった。

トライアウトのときから驚かされた。当時のチームにいたオマリ・スペルマン[※4]（NBAミネソタ・ティンバーウルブズ）といっしょにピックアップゲームをしたのだが、それまで同じコートに立った選手の中でも別格だった。

「めちゃくちゃでかくて、速くて、ハンドルもすごくうまい。こんな選手とやるんだ、みたいな。日本の高校バスケとここじゃ、またさらにレベルが違うんだなと思ってびっくりしました。自分が1年後にここに戻ってきてプレーできるのか、不安になりました」

不安になったのは、トライアウトのときだけではなかった。STM時代を振り返ると、一番に浮かんでくるのは、足元が浮いたような気持ちだという。

※4
オマリ・スペルマン
2022年現在韓国KBLの安養KGC所属。

それは、自信のなさの表れだったと分析する。

「STMというと、試合に出たときに足元が浮いていたというか。そういう気持ちを思い出しますね。たとえば、自分に自信があるときや、いいプレーができそうだと思えるときって、床をしっかり踏みつけて、思い切って蹴れる。スピードにも乗りやすい。STMを思い出すと、自分にはそういう感覚が足りなかったのかなって、振り返って思います。やっぱり少し自信がなかったのかな」

　STMでのシーズン序盤、特に自信を失っていたときがあった。シーズン序盤2試合で、先発として出ていたのにもかかわらず、相手選手のアグレッシブなプレーに怖気づき、ターンオーバー[※5]やシュートミスを連発。そこから後ろ向きになってしまったのだ。

「自分がそれまでやってきたことを疑って、自分を信じられなくなったことがあった。ジェリー・クインコーチが、『大丈夫だ。お前はできるから心配するな』って、何回も声をかけてくれて」

　そこから毎日、努力を重ねた。早朝6時からシュート練習をし、シュートフォームの改善にも取り組んだ。コーチからディフェンスを評価されていたこともあり、チーム練習ではディフェンスに力を入れ、そこからオフェンスにつ

※5
ターンオーバー
ドリブルやパスの最中にボールを奪われたり、反則を犯したりすることにより攻撃権が相手に移ること。

なげるようにした。身体能力でかなわない相手に対して、頭を使い、タイミングを考えたプレーをすることで対抗しようとした。

「筋トレしないのに、ものすごいダンクをするようなやつには、身体能力の面ではかなわない。フェイクを使うタイミングだとか、フォーメーションの中でスクリーン[※6]をガチッとかけることや、相手のスクリーンに対する対応を見て次の行動を考えたり、味方のスペースをあけるために自分がどう動けばいいのかを考えてプレーした。そういったところでは絶対に他の選手には負けたくなかった。そこがいずれ、自分の中での一番の強みになっていけばいいかなと思ってます」

そんな鍵冨を、クインコーチは「チームの接着剤的な存在」と評価していた。無理なプレーをすることなく、自滅することもない。自信をなくしがちなことについても、「不安になるということは、それだけうまくやりたいと思っているということだからね。悪いことではない」と強調した。

ＳＴＭに入ったときに目指していたのはアイビーリーグ所属の大学に進学することだった。学力のレベルが高く、バスケットボールでもＮＣＡＡディビジョンⅠ[※7]で戦うことができる。文武両道で頂点を体験したかった。子どもの頃の夢だった強豪デューク大に代わる新たな目標となった。

※6
スクリーン
相手ディフェンスの進行方向に立って壁になることで動きを制限すること。ピックともいう。

※7
NCAAディビジョンⅠ
アメリカの大学バスケットボールで最高レベルのリーグ。D1ともいう。NCAAにはD1～D3があり、D1には353校が所属する。

これも、ニューヨークにいたときの原体験からきていた。リバーサイドの練習に通っていた頃、そこからほど近くにアイビーリーグ所属のコロンビア大のキャンパスがあった。そして、その頃ちょうど、コロンビア大のチームで一人の日本人選手がプレーしていた。現京都ハンナリーズの松井《まつい》啓十郎《けいじゅうろう》※8だ。リバーサイドでの練習の帰りに何度か試合を見に行き、「こういうチームでやるのも悪くないな」と思うようになった。

STMで進学先を探していたときに、コロンビア大のアシスタントコーチから声をかけられたこともあった。

「でもリクルートのプロセスってけっこう大変で、残酷で。巡り合わせだったり、早い段階から地元の選手には声をかけていて、先に決まった子がいると連絡がこなくなるとか、そういう厳しい世界だった。実力がちょっと足りなかったのもあると思うけど、アメリカでの活動がSTMの1年だけだとタイミングだとかアピール不足もあって、その話はなくなっちゃって……」

その後、一般生徒としてコロンビア大とダートマス大に応募したが、入学には至らなかった。

そこで次に選択肢として考えたのが、NCAAディビジョンⅢの中でも、学業レベルの高い学校が集まっているNESCAC（ニュー・イングランド・

※8
松井啓十郎
2022年現在富山グラウジーズ所属。

スモール・カレッジ・アスレチック・カンファレンス※9）の大学。ディビジョンⅠのような大規模校ではないが、学業面ではアイビーリーグと変わらないレベルで学ぶことができる。むしろ、大学の規模が小さい分、教授とのコミュニケーションがとりやすいというメリットがあった。バスケットボールにおいても、ディビジョンⅢの中では最もレベルの高いカンファレンスだと言われている。結局、夏のショウケースキャンプで鍵冨のプレーを見てくれたヘッドコーチから最も熱心に勧誘されたこともあり、NESCAC所属のボウディン大を進学先に選んだ。

「バスケでは1年からローテーションに入り、2年からはスタート（先発）に定着してガードとして経験を積めているし、バスケ以外の生活でも良い友人や教授陣にも恵まれて充実しているので、結果的に、よかったと思います」と、今ではボウディン大での環境に満足している。

完璧なこれだっていう選択肢が自分にはない

鍵冨の試合を見ていたとき、どのプレーもそれなりのレベルでできる彼は、ときに、何をしたらいいのか迷っているように見えることがあった。アメリカ

※9
カンファレンス
ディビジョンに所属するいくつかのチームで構成されるリーグ。D3には約400校の大学が所属していて、約40のカンファレンスに分かれて、レギュラーシーズンを戦う。

では平均的とはいえ、それなりの身長がある。オールラウンドにスキルを持っていて、大きな欠点もない。その一方で、勝負どころで使う武器が何なのか、まだ見つけられていないようだった。

　実は、鍵冨は人生のうえでも、それと同じことを感じ、悩んでいた。

「バスケではＤ１（ディビジョンＩ）に行ったわけでもないし、勉強でもハーバードに行ったわけじゃない。すべてにおいて、自分の中で物足りなさを感じるんですよね。そこが皮肉なんですよね。総合的に見ればいいと思うんですけれど、『だから何？』って思っちゃうんですよ」

　今の自分に満足していない。まわりから褒められても嬉しくない。それは、クインコーチが言っていたように、もっと上を目指している証拠であり、悪いことではない。それでも、そんなことを考えると不安になる。

「たとえば就職だったら成績で競争するし、バスケでプロになるんだったら、バスケだけの実績で競争するじゃないですか。そうなると、今の自分はどっちつかずで、どちらの道だったら成功できるんだろうって不安しか浮かんでこないんですよ。それで、自分が嫌になっちゃって」

　もっとも、最近になって、少し考え方が変わってきた面もあるという。

きっかけとなったのが、今年の年明け、大学の試合中に腰から落下したこと。

落ち方によっては大きな故障になった可能性もあった。しかし、実際には１週間ほどで痛みもなくなり、１試合欠場しただけで、翌週の試合から復帰することができた。

「前は、こんな大変な道のりを歩んできているのに、まわりからは楽をしてここまで来たって思われがちと、マイナスな方面から自分をとらえていた。でも、故障してから振り返ってみて、自分って意外とラッキーなんだなって思うようになった。自分一人でここに来たわけじゃなく、いろんなサポートがあって来ることができたと気づくことができました」

それでも、悩んだり、迷う種は色々とある。たとえば最近は、将来何をしたいのかわからなくて、考え込んでしまうという。

「情熱がないとかじゃないんですよ。できることがたくさんあると自分では思っていて。なので、何が正しいのか、何を選んでいいのかがわからない」と、これまた冷静に分析する。

「Ｂリーグでバスケのプロ選手を目指すのか、大学院に行くのか。今、数学を勉強しているんですけれど銀行に行くのか、あるいは少し働いてからＭＢＡ（経営学修士）を取るのか。バスケの分析や戦術も好きで、そういうのを勉強したいのか。すごい悩みどころですね。たとえば、アメリカで銀行に就職するならバスケは諦めることになりますし、日本でBリーグに入ったら、その後アメリカに戻ってきてそういう仕事に就くのもさらに大変になるだろうし。日本に住むのはちょっと息苦しい。でも、バスケはしたい。完璧なこれだっていう選択肢が自分にはなくて、悩みどころですね」

人間は誰しも、悩みを抱えて生きている。それを隠して強がる人もいれば、さらけ出して前に進む人もいる。考えないようにしてその日、その日を生きている人もいれば、ごまかすことなく正面から取り組む人もいる。

スラムダンク奨学金をきっかけに、アメリカに「戻った」男は、今日もまた、明日のことを考えて悩んでいる。強がることもなく、ごまかすこともなく、明日の自分が今日より成長できるように。

©IBARAKI ROBOTS

それから、2022年までの鍵冨太雅

大学では一貫して文武両道。学業で平均以上の成績を保ちながら、バスケットボールでも4年時にキャプテンを務め、初めてカンファレンストーナメントに進出。充実したシーズンで大学のキャリアを締めくくった。悩み深き男は、卒業後の進路も最後まで悩んだ。在学中の夏休みにインターンをした日本の大手企業から内定を得ていたが、最後になってもっとバスケットボールをしたいという気持ちが湧いてきた。そこにBリーグの茨城《いばらき》ロボッツから声がかかり、「やらずに後悔するよりもやって後悔した方がいい」とトライアウトを受けて合格。2022年10月にプロ選手のキャリアをスタートさせた。

『SLAM DUNK』で好きなキャラクター、シーンは?

最初は桜木《さくらぎ》や流川に憧れていたんです。でも、高校の頃から自分が目指す選手像が変わっていって、視野が広くて、ポイントフォワード的に試合を支配する仙道に憧れるようになりました。自分もガードを目指してやっていたので。印象に残っているシーンは、バスケに関係ないんですけれど、三井寿が戻ってこようとしているときに体育館の中で喧嘩があったじゃないですか。『SLAM DUNK』を最初に読んだのはアメリカから帰国した小学校の終わり頃だったんですけれど、高校でヤンキーが喧嘩するっていうのが自分が見てきた世界とは違いすぎて、日本ではそんなことがあるんだって、びっくりしました。

『SLAM DUNK 新装再編版』5巻より

「強がることもなく、ごまかすこともなく、明日の自分が今日より成長できるように」。黒にも白にも安易に寄り付かず、中間の色で考え続けられることは、太雅の内面の強さだと私は思っています。

（井上）

#5

類稀な身体能力ゆえの戸惑い
現実と向き合い気づかされた本当の自信

ホール百音アレックス

第11期生

恵まれた身体能力に抜群の適応能力。
高校生までは、順風満帆にアスリート人生を歩んでいた。
だが、アメリカでそれまで見えていなかった問題を突き付けられる。
評価のギャップに苦しんだ末に至った境地。
ホール百音アレックスが言い切る
「人生の転換点」を浮き彫りにする。

写真は取材当時（2020年6月）のものです。
撮影／伊藤亮

ホール百音アレックス　ほーる・もね・あれっくす

1999年5月19日生まれ、埼玉県出身。小学3年から大宮アルディージャのジュニアチームに入り、プロサッカー選手を目指すが、中学でバスケットボールの面白さに気づき、バスケの名門、昌平高校に進学。高校1年時から関東エンデバーに選出される。2018年スラムダンク奨学金でセントトーマスモア校に入学。19年より3x3.EXE PREMIER（3人制バスケのリーグ）のBEEFMAN.EXEに所属し、さらに横浜ビー・コルセアーズ（Bリーグ）とも特別指定選手として契約。20年に越谷アルファーズ（Bリーグ）に特別指定選手として加入。22年青森ワッツ（Bリーグ）と契約。スモールフォワード。190cm、95kg。

やればできる子

留学先の寮へ送られてくる実家からの段ボール。中には、母が息子のことを考え選んでくれた食材などが詰まっていた。そこに、直筆でしたためられた手紙も添えられていた。ある時の手紙の中の一文が、今でも心に残っている。

——あなたは、やればできる子。

「ちっちゃい頃から『やればできる子』と言われてたんですけど。ちょうどその時にお母さんからこの言葉をもらって……沁みましたね」

〝ちょうどその時〟とは。やるべきことはやっているはずなのに状況が好転せず、どうしたらいいのか、袋小路に迷い込んだように感じていた頃のことだ。

「高校までは、やったらできるだろうという感じではありました。でもアメリカに行って、挫折ではないにしても、上手くいかないな……と感じることがあって」

スラムダンク奨学金第11期生のホール百音アレックスは、セントトーマスモアスクールで新たな体験を次々に得ていた。

父がアメリカ人で母が日本人。日本語と英語が飛び交う家庭で育ってきたため、奨学生が直面する語学の壁に対してアドバンテージもあった。さらに第11期生にはもう一人、小林《こばやし》 良《りょう》も合格していた。ともに高校1年時に関東エンデバー[※1]に選ばれて以来の仲。「ライバルでもありますが、心強い部分はありました」。留学前から、奨学金事務局がこの時より準備してくれた塾に二人で通い、一日中英語を学んだ。

「英語での会話はある程度できたのですが、授業を受ける際に必要なリーディングやライティングには課題も多かったんです。でも海外に進学する人向けのDelqui《デルクイ》という塾に通わせてもらったので、しっかり対策できました。良とは仲がいいので、渡米後もいっしょにバスケットしてご飯食べて、休日の土日はゲームをして遊んだりしてました」

勉強の楽しさに気づかされたことも大きい。

「理解が進むと楽しくなってくる。最初の頃はなにも理解できずにやっているわけですが、それが分かるようになって意見交換ができるようになってくると楽しくなるんです。日本にいる頃は、別に勉強はそんなに好きではなかったんですが、アメリカに行って気づかされた楽しみでした」

バスケットに関しては人間関係に恵まれた。

「家族には〝アル〟と呼ばれていて、小中学生の時は〝アレ〟とか〝モネ〟と

※1
エンデバー
将来有望な選手を一貫指導により世界に通用するよう育成するプログラム。

か呼ばれていました。いろんな呼び名で呼ばれてきましたが、留学中は〝アレックス〟でしたね」

チームに加入当初は〝なめられている〟と感じることもあった。だがそれは想定通りで、ともにプレーを続けていくうちに認めてもらえた。

「チーム内での言い合いは常にあるんですけど、実際の喧嘩まで発展したのは一度だけだったと思います。その時はセンターとガードの選手が、試合中のファウルをきっかけにヒートアップしていって。ちょうどヘッドコーチがいなくて、若いアシスタントコーチ一人だけだったので止められず。でも、そんなことがあっても後腐れはないんです。当事者二人はその後もいっしょにご飯食べてましたし。険悪なムードが残るということはないんです。自分はそういうチーム内でのもめごとに巻き込まれたことはなかったですね」

学業も順調、私生活も充実、思い描いた通りの留学生活。ただ、唯一の例外が肝心のバスケットだった。

「正直に言うと、あまりプレータイムをもらえませんでした。最後の方はちょっとずつ試合に出られるようになったんですけど、試合で活躍する場面はそんなになかったんです」

サッカー部でもバスケット部でも好きな方に入っていい

特に身体能力に関して、ずっと自信があった。最初に頭角を現したのはサッカーだ。幼稚園の年長から始め、小学３年からはＪリーグクラブ・大宮《おおみや》アルディージャの下部組織でプレー。２０１１年の全日本少年サッカー大会では３位に輝いている。

「身体が大きくて足も速かったので、ポジションはセンターフォワードでした」

サッカー選手として早くから将来を嘱望される中、バスケットに出会ったのは中学１年の時。

第35回全日本少年サッカー大会で6試合に出場、3ゴールを記録する活躍を見せた。

撮影／平野貴也

「バスケットボールの感触。シュートを決める喜び。小学生の時も映像で見たり遊びでやったりしていましたが、本格的にルールを知って初めて楽しいと感じて。それでサッカーと並行して始めました」

サッカーは大宮の練習場が遠い問題もあり、中学1年から地元のチームに移籍。中学2年からは通っていた原市《はらいち》中学校のバスケット部にも所属。そこでのプレーが昌平高校バスケット部の畔川秀雄コーチの目に留まる。そして、「サッカー部でもバスケット部でも好きな方に入っていい」という珍しい誘いを受けて進学する。

選んだのはバスケット部だった。決め手の一つは、畔川コーチからスラムダンク奨学金の存在を教えてもらったことだ。昌平高校は第4期生の山崎稜を輩出していた。

父の母国であるアメリカに渡ってプレーする。それはサッカーでは考えづらい将来の選択肢だった。先述したように、高校1年時から関東エンデバーに選ばれた。バスケットを始めて僅《わず》か2年足らずで関東では有名な存在になった。高校時代に全国大会へ出場することは叶わなかったものの、関東大会ではセンターとして活躍した。

「スラムダンク奨学金のことを改めて意識しだしたのは高校2年の半ばくらい。

自分たちの代にかわりレギュラーになってからでしょうか」

　さすがに合格する自信はなかった。書類選考、ビデオ選考、トライアウトの結果は畔川コーチの元に届く。そのたび、体育館に呼ばれた。

「書類選考とビデオ選考は口頭で合格を伝えられました。現地トライアウトで初めてアメリカに行ったので、ウキウキしっぱなしでした。その後、最終結果を知らされるまで少し間があって。この時だけは結果を書類で渡されたので、開けてみたら『合格』と。びっくりの一言でした」

　実はトライアウトでは、それまでプレーしていたセンターのポジションではなくシューティングガード[※2]を任された。そんな未経験のポジションをいきなり、しかも重要なトライアウトで任されて合格してしまうのだから、そのポテンシャルたるや想像を絶する。

「ドリブルもそんなに上手ではないですし、苦労した部分はたくさんありました。どんなプレーをしていいか知らなかったですし、戸惑いました。ただ、アメリカでプレーするなら自分はセンターではないと思っていました。とりあえず思い切ってアタックしていったのが評価されたのではと」

　サッカーで全国レベルの活躍をし、バスケットも始めてすぐ際立つ存在に。そして未経験のポジションでプレーしてスラムダンク奨学金に合格。まさにト

※2
シューティングガード
アウトサイドからシュートやドライブで得点を狙うポジション。ポジション番号は2番。

ントン拍子だ。アレックスの身体能力がいかに飛び抜けていたかは明白だろう。

「Have Confidence!!」

昌平高校では5番（センター）、トライアウトでは2番（シューティングガード）、そして留学して任されたのは3番（スモールフォワード[※3]）と4番（パワーフォワード[※4]）のポジションだった。

「サッカーをやっていたこともあり、自分の取り柄は身体の強さなんですけど、その強みを評価してもらってのポジションだったと思います」

ヘッドコーチのジェリー・クインが見極めたアレックスの適性は理に適ったものだった。実際、不慣れだろうが新たな役割を任されればアレックスはこなせてしまう。しかし、クインコーチの目にはその長所を活かしきれていないように見えたようだ。

「ディフェンスで怒られることはなかったですけど、オフェンスでは怒られました。シュートを打てるシーンで打たなかった時とか。もっと自分のプレーに自信を持ってアタックしていいと。『Have Confidence!!』とずっと言われ続けていました」

※3
スモールフォワード
オールラウンドに得点を狙うポジション。ポジション番号は3番。

※4
パワーフォワード
リバウンドなどパワフルなプレーを担うポジション。ポジション番号は4番。

自信。それはずっと持っていたはずだった。しかし、クインコーチには自信を持っているようには見えていない。トライアウトの時は怖いもの知らずで思い切ったプレーができたが、留学後は影を潜めていた。

「自分としては自信を持ってプレーしているつもりだったんです。でも、周囲にはっきり分かるように上手くアピールはできていなかった。日本でできていたはずのアピールが、アメリカでは通用しない。そこには、日本とアメリカでの見え方の違いもあったかもしれませんが」

自分とコーチの間にある認識のギャップ。では、なぜそこにギャップが生まれるのか。考えた結果、導き出したのは「経験不足」という要素だった。

「やっぱり経験の少なさはあったと思います。経験が浅いと、ボールを持った時にどうしても〝どの判断がベストか〟って考えたり迷ったりしてしまう。すると時間が経過してしまい、後手に回るプレーが多くなってしまいます」

自分としては自信がないというより、躊躇《ちゅうちょ》している。だが、コーチの目にはその躊躇が、ウリであるはずの身体の強さを活かさない消極的なプレーに映ってしまう。この意識差を埋めるには経験を蓄積する時間が必要だ。一方で留学期間は14か月。時間は待ってくれない。アピールするには経験不足のマイナスを埋める他の〝何か〟を持つことが求められた。

「思い至ったのはピンポイントでシュートを決めること。ドリブルも得意ではないですが、まずは試合中パッと出されてもすぐにシュートを決められるようになろうと。練習は5対5のスクリメージ※5が多かったので、朝や食事後、週末の時間を個人練習にあてていました」

自分なりに試行錯誤する日々の積み重ねで、成長できている感触があった。

だが、それでも試合に出られない。

「同じポジションの選手が3人いて、その中にブレンデン・マグワイヤっていう選手がいたんですけど。彼がすごい実力の持ち主で。背が高いのにドリブルもできてリーダーシップもある。チームの中心的存在でした。当然、コーチからの信頼も厚い。いっしょにシュート練習したりと、仲は良かったんです。でも、ライバルではありませんでした。……追いつける気がしなかったんです」

冒頭で紹介した母からの手紙は、ちょうどこの頃送られてきたものだ。

2冊の単語帳

自分にできることはやっているはず。成長もしているはず。でも、試合に出られない。

※5
スクリメージ
5対5で行うゲーム形式の練習。

「試合に出ることができれば、スカウトマンたちの目に留まるチャンスも出てきて評価も得られる。でも出られない。そこにもどかしさはありました」

シーズンが進むにつれ、次第に自分と向き合う時間が増えた。セントトーマスモアスクールの寮に入った当初は小林と同部屋だった。だが、同校では学業成績が向上すれば一人部屋に移る選択肢が与えられる。くすぶるバスケットとは裏腹に、学業面で順調に成績を伸ばしたアレックスは、一人部屋に移ることができた。

「一人の部屋で自分のしたいことや、これまでを見つめ直す充実した時間が過ごせました」

スラムダンク奨学金で得た最も大きな経験は？　と問われれば、この時過ごした「思考の時間」だという。

「校内に湖があるんですけど、時にはその畔《ほとり》の椅子に座って、スピーカーを置いてハワイアンとかご機嫌な音楽を流しながらボーッと考えたり。自分と向き合った末に出した結論としては、やはりアメリカの大学に行きたいと。そして、実家に経済的な余裕がじゅうぶんあるとはいえなかったので、フルスカラシップ（全額の奨学金）で行くことが一番大事だなと」

試合に出られなくても打つ手はあった。コーチに相談して各大学のトライアウトを受けた。

「一方で、もしフルスカラシップの希望が通らなくても、日本に戻って大学に入るという手もあると考えてました」

スラムダンク奨学金に合格した頃、日本の大学からも推薦入学の誘いが来ていた。もし日本の大学に進学していたら――。いや、それ以前にバスケットではなくサッカーを続けていたら――。そんな考えが頭をよぎったこともある。

「日本の大学に進むか、アメリカに行くか、当時ずっと迷っていました。でも、めったにないチャンスだと思ってアメリカへ行くことを決めたのは自分。つまり、人と違うことをしている今の自分が得ている経験自体が、すごい財産になるはずだと。だからアメリカに来たことに間違いはない。これは留学を終えた今でも言い切れることです」

アメリカでの日々が、自分にはかけがえのない経験になっている。そのことを自覚していたかのような行動がある。英語を学ぶために使っていた単語帳に、将来の目標など思いついたロードマップを書き留めていたのだ。

「勉強中に他の考え事をしてしまった時、一度紙に書いて頭の中から考え事を追い出してスッキリすることで勉強への集中力を取り戻す。発端はそんな話を聞いたことだったと思います。それから、イチロー選手だったと思うのですが

『将来から逆算して今があると考えると、どんどん夢に近づいていける』というような内容の話をＹｏｕＴｕｂｅで見て。ちょうど勉強机に単語帳があったので、それに『何歳までに代表に入る』とか、やりたいことをメモするようになったんです。書いたら勉強に戻って、後で寝る前などに見返してまた思いにふける。だから当時、英単語用とメモ用と、単語帳が２冊あったんですよ（笑）」

ちなみに、寝る前によく流していた音楽は１９９０年代に日本で流行していたポップスだったという。

「プレイリストなどで１９９０年代のヒットソングを聴いて、いいなあと。まだ自分が生まれる前のひと昔前の曲なんですが。和田《わだ》アキ子さんとか、よく聴いていました」

一人ベッドに横たわり、和田アキ子の曲を聴きながら、未来へのロードマップをまとめた単語帳をめくる。なんとも独特な時間だが、この時間こそが財産になった。

「本当に自信を持つ」ということは

限られた出場時間ではあったものの、試合でのプレーを見ていた大学から誘いが来た。

「でも、自分をほしいと言ってくれたのはNCAAディビジョンⅢの大学で。ディビジョンⅠ、ディビジョンⅡはスカラシップが出るんですけど、そこまでの規模ではないディビジョンⅢで、スカラシップは出せないという話でした」

第一希望はフルスカラシップでの進学。それが叶わなかったことで、アメリカでの大学進学は断念した。

「哀《かな》しかったですけど、希望通りにならなかった時のことまで考えていたので、すぐ切り替えられました」

思ったほど試合に出られず、活躍できなかったことは悔しい。だが、練習ゲームで記憶に刻まれる体験をしていた。

「たしかボールをもらってすぐにドライブしてバスケットカウント[※6]を取ったのかな。『身体が強いんだからもっとアタックしろ』と言われ続けて、でもなかなかできずに萎縮していた部分もある中、そういうプレーができた。クインコーチは怒る時は顔を真っ赤にして怒るんですけど、いいプレーをすればちゃ

※6
バスケットカウント
シュートの動作中にファウルされ、シュートが成功した場合に得点が認められ、さらにフリースローが1本与えられること。

んと褒めてくれる。その時は、ハグして頭をなでて褒めてくれたんです。その瞬間のことはよく覚えています」

傍から見れば練習中のワンプレーに過ぎないかもしれない。しかし、アレックス本人からすれば、何度言われても越えられなかった壁を遂に乗り越えた瞬間だった。苦しみ抜いた末に待っていた成功体験。クインコーチもそれを分かっていたから、我が事のように喜んでくれた。このワンプレーから、本当に「自信を持つ」ということがどういうことなのか、初めて理解した気がする。

「今でもよく思うんですが、チームで一番の若手であろうとも、先輩たちに指示したり意見したりできることが本当の自信じゃないかなと。自分はバスケットの経験が少ない。だから先輩たちともレベルが違う。そこで少し遠慮が邪魔してしまうことはあります。でも、遠慮を振り払ってアタックするくらいがちょうどいい。勇気がいることですし、日本では上下関係もあったので考えたこともなかったですが、アメリカで言われたことで気づかされました」

帰国後は日本の大学に編入する予定で準備を進めていた。だが、少し間が空く中で知り合いに3人制バスケットのチームに呼ばれた。それが横浜をホームとするBEEFMAN.EXE《ビーフマンドットエグゼ》。FIBA（国際バスケットボール連盟）が承認しているグローバルリーグ3x3.EXE PREMIER《スリーエックススリードットエグゼプレミア》に所属しているチームだ。

「3人制は5人制のバスケットより一人がボールを持つ時間が長く、一方で試合時間が短い（10分）のでどんどんアタックしていかなければなりません。短時間でハードに動くので、スタミナや足腰といったフィジカル面の練習になりました。もちろん、積極性を養う上でもとても意味があります」

日本の大学に進んだらゆくゆくはBリーグ。そう思い描いていたが、現実は希望より前倒しになった。

「BEEFMAN.EXEにたまたま誘われて練習や試合に出させてもらっているうちに、提携関係にあったBリーグの横浜ビー・コルセアーズのトライ

B1リーグの横浜ビー・コルセアーズでは2019-20シーズン67分の出場経験を得た。
©B-CORSAIRS/ T.Osawa

アウトを受けさせてもらえる話になって。そこで運よく練習生から特別指定選手として入団することになったんです」

帰国して4か月後、特別指定選手としてBリーグデビュー。2020年2月には正式に選手として契約。あっという間の展開。改めてアレックスのポテンシャルには驚かされる。ただ、本人はまだまだ「経験不足」という意識が強い。

「3人制バスケットも、Bリーグも、やってみていろんな部分で自分の未熟さを痛感しました。自分としてはスラムダンク奨学金での留学時も今も経験を積んでいる途中。それが成果となるのはこれから先だと考えています。ただ、現時点でこれ以上ないくらいいい経験を積めているのはたしかです。中でもスラムダンク奨学金は……もし行っていなければ、その後バスケットをしていなかったかもしれない。それくらい大きなターニングポイントでした」

まだ遠慮をしてしまう時がある。しかし、Bリーグの先輩たちに対しても意見が言えるようになっている変化を自覚していた。その矢先に新型コロナウイルス感染拡大の影響でリーグが中止。チームから契約延長のオファーはなかった。

「3x3はこのまま続けさせてもらって、U23日本代表を目指します。そして引き続きBリーグでプレーするチャンスを窺っていきたいです」

そう言っていたが、新シーズンはB2リーグの越谷《こしがや》アルファーズでのプレーが決定した。

留学中に身長が5㎝伸びたというアレックスは5月で21歳になったばかり。心身ともに今なお成長し続ける彼にとって、スラムダンク奨学金は夢への登竜門であったと同時に、真の〝バスケットマン〟への本格的なスタート地点だったのかもしれない。そんな人生のターニングポイントを心に刻むべく、留学直前に兄からもらったクロスのシルバーネックレスを、彼は今も肌身離さず身につけている。

ネックレスは
スラムダンク奨学金の象徴だ。
撮影／伊藤 亮

©AOMORI WAT'S

それから、２０２２年までのホール百音アレックス

２０１９－２０シーズン終了後に契約満了となり、横浜ビー・コルセアーズを退団。新たにＢ２の越谷《こしがや》アルファーズへ特別指定選手として入団した。地元チームで経験を積み、自信を獲得していく姿はド派手なダンクを決めるシーンからも見て取れた。だがその矢先、自動車運転上の違法行為により契約解除。２０２２年にＢＥＥＦＭＡＮ．ＥＸＥに再入団。そしてＢ２の青森《あおもり》ワッツと契約。契約発表時には契約解除の件に触れ、「バスケットボールから離れていた期間に、私が学び、感じたことを最大限に活かして尽力することが、青森ワッツへの報謝であると存じます」とコメントし、再起を誓っている。

『SLAM DUNK』で好きなキャラクター、シーンは?

最初はアニメを全部見ました。その後漫画でも全部読み直したのですが、好きなのは桜木花道です。最初はやんちゃしていて、でもバスケット部では、パワーとか熱い気持ちとか、人柄までも最後にはバスケットに転換できたなあと。特に山王戦で背中をケガした後、安西先生に交代を促された時に「オレは今なんだよ‼」というシーンにジーンときました。スラムダンク奨学金で渡米する前に僕が「リアル花道」、良が「リアル流川」なんて言われていたので、少し自分とだぶらせている部分も……あります（笑）。

『SLAM DUNK 新装再編版』20巻より

困難とじっくり向き合えるところと、人の支えを感じとるところに、体の大きさに比例してアレックスの人としての器の大きさと繊細さを感じます。

（井上）

#6

人生を変えたスラムダンク奨学金
夢の世界にどこまで近づけるかの挑戦

猪狩　渉

第8期生

バスケットボールに夢中になったのは
マイケル・ジョーダンに、
そしてNBAに憧れたから。
そのことを思い出したとき、海を渡ることを決心した。
憧れの世界にどれだけ近づけるかを試すために。

写真は取材当時（2020年7月）のものです。
撮影／和田篤志

猪狩　渉　いがり・わたる

1996年4月24日生まれ、福島県出身。いわき市立中央台北中学校1年時にジュニアオールスターのメンバーに選抜される。2012年、名門・能代工業高校に進学。卒業後スラムダンク奨学金第8期生としてサウスケントスクールに入学するが、サマーキャンプに参加したIMGアカデミーからの勧誘を受け編入。帰国後16年福島ファイヤーボンズ（Bリーグ）と契約し、19年まで所属。その後NBAを目指し渡米。Gリーグのトライアウトを受け続ける中、21年アメリカ独立リーグのシカゴ・フューリーで全米準優勝を経験。TBLダラス・スカイライン所属を経て22年に福島（Bリーグ）に復帰。ポイントガード。168cm、74kg。

「根拠のない自信」だけは持っていた

偶然と必然が交わったとき、運命が動き出した。

運命の場所は大分《おおいた》のホテルの大浴場。当時、能代《のしろ》工業《こうぎょう》高校※1 2年だった猪狩渉は、インターハイ出場のために泊まっていたホテルの大浴場で、山形南《やまがたみなみ》高校3年の村上《むらかみ》駿《しゅん》斗《と》にばったり会った。村上とは、中学時代に福島《ふくしま》県と山形県のジュニアオールスター選抜として対戦したことがあり、親しいほどではなかったが、顔見知りだった。

そのとき、浴場にいたのは偶然、猪狩と村上の二人だけだった。話すうちに、高校卒業後の進路の話題になった。猪狩が村上に「駿斗さん、大学はどうするんですか?」と聞くと、村上は「俺はスラムダンク奨学金でアメリカに行くよ」と宣言した。続けて「だからお前も来いよ」と誘われた。

スラムダンク奨学金のことは、小学生の頃から知っていた。『月刊バスケットボール』に載っていた第1期生の並里成の記事を見たことも覚えている。その後も、歴代の奨学生の情報は追っていた。それでも、自分が応募することは考えてもいなかったという。

村上の誘い言葉が、そんな猪狩の背中を押した。

※1 能代工業高校 2022年現在、能代科学技術高校。

「あの人にそう言われたのは大きかったですね。あれがなければ、たぶんアメリカには行っていなかったと思います」

子どもの頃からアメリカ、ＮＢＡへの憧れはあった。

バスケットボールを始めたのは小学1年のとき。しかし、その頃のことはあまり覚えていない。バスケットボールが好きで始めたわけでも、特に思い入れがあったわけでもなかったのだ。家でビデオゲームばかりしていた彼を、両親が地元のスポーツ少年団に入れたのがきっかけだったと、おぼろげな記憶をたどる。

小学2年のある瞬間から、バスケットボールの記憶が鮮明になる。実は、猪狩の父や父の弟二人は元バスケットボール選手だった。その弟の一人、猪狩にとって叔父からマイケル・ジョーダンのビデオをもらったことが、夢中になるきっかけとなった。

「衝撃を受けたのをすごく覚えています。『すげえ。人間ってこんな動きができるんだ』って、感銘を受けました」

家には父たちによる手作りのゴールがあった。それをジャンプしたら届く高さにつけ、ジョーダンになった気分で、家の中でダンクシュートや空中プレーの練習をしていた。どんどん、バスケットボールの魅力に取りつかれていった。

最初に読んだ漫画は『ＳＬＡＭ ＤＵＮＫ』。父や叔父たちが読んでいた、色褪せたコミックスが家にあったのだ。むさぼるように読み、１対１に強い沢北《さわきた》に惹かれた。

村上から誘われたときに頭に浮かんだのは、そんな光景だった。ジョーダンに憧れ、少しでもＮＢＡに近づこうと頑張っていた頃の記憶。それを思い出したときに、アメリカで自分の力を試してみたくなった。それが自分の選ぶべき道だと思えた。

「最終的に俺ってどうしたいんだろうって考えたときに、原点はマイケル・ジョーダンだったんですよね。ああなりたいと思って練習もしていた。それなら、どれだけＮＢＡに近づけるか、アメリカでどれぐらい通用するのか試してみたいと思った」

なぜか、子どもの頃から「根拠のない自信」だけは持っていた。だから、スラムダンク奨学金に応募したときにも、合格してアメリカに行くと自信を持っていた。

「なんでか、『俺ならできる』みたいな自信はちっちゃい頃からずっとありました。誰よりも練習しているという自負はあったんで、高校で試合に出ていないときでも『俺のほうがうまい』『負ける気はしない』みたいな気持ちはずっとありました」

そう、村上から誘われた頃の猪狩は、高校であまり試合に出られない日々を送っていた。

高校に入るまでは、地元のミニバス・チームでも、福島県の中で強豪として知られるいわき市立中央台北《ちゅうおうだいきた》中学校でもエースとして活躍。中学の頃には点取り屋で、毎試合30~40点取っていた。高校は名門の能代工業高校に進学。子どもの頃からプロ選手になることを夢見て、強豪高校から大学に進学し、活躍してプロ入りという道筋を思い描いていた。

「小学生の頃から何か、ませたガキだったんです。自分の好きなことを将来仕事にできたらきっと幸せなんだろうなぁと考えていて。ということはやっぱりプロだなって」

しかし、能代工業高校ではなかなか試合に出られなかった。1年の夏にBチーム（2軍）からAチーム（1軍）に上がったが、全国大会のメンバー15人には入れず、大会に帯同しても、洗濯やデータ取りといったサポートの役回りだった。

「違う高校だったらもっと試合に出ていたんだろうなと思ったりはしました。当時は、何でもっと俺のことを使ってくれないんだと思っている自分もいました。根拠のない自信ばっかり達者で。今振り返ってみると実力がなかったんだと思いますけれど」

そんなときにスラムダンク奨学金に応募したことで、未来が開けた気がした。書類選考とビデオ審査を通過して、いよいよ最終選考。アメリカどころか海外に行くのも初めてで、最終選考に行くためにパスポートを取った。

「最終選考にいたほかの選手は、U18の世代別代表に入っている選手や、各校のエースが集まっていて、その中では僕が一番実績がなかった。すごく心細かったのは覚えています。でも『絶対に受かってやる』っていうフツフツとした思いはあって、とにかくギラついていましたね。英語わからないけれど、めちゃめちゃ喋って（笑）」

最終選考では、ボールが来たら絶対にパスを出さずに自分で攻めると決めていた。過去のスラムダンク奨学生のインタビューやブログを読み、パスが来ないことを知っていたのだ。中学のときに点取り屋だったことも活きた。積極的に攻めたらコーチに褒められた。それどころか、「もっと点数を取りに行け」とハッパをかけられ、それが新鮮だった。

「『あ、俺、点数取っていいんだ』と思って、すごく嬉しかったんですよね。点数取るのは僕がバスケットやっている理由でもあるので。アメリカのバスケって、すげー楽しいなって思った。手ごたえ、ありましたね。最終選考が終わって、『決まった』と思いましたから。それもまた根拠のない自信（笑）」

IMGアカデミーからの勧誘

スラムダンク奨学生に選ばれ、意気揚々と留学先のサウスケントスクールに行った直後に、いきなり鼻をへし折られ、その「根拠のない自信」が吹き飛ばされた。よく、チームメイトたちとピックアップゲームや1対1をやっていたのだが、168㎝の自分と同じように小柄なアメリカ人選手相手に、まったく歯がたたなかったのだ。

「正直、その頃は自分と同じサイズだったら、アメリカ人が相手でも負けないという自信があったんです。でもアメリカに行った途端にその鼻をへし折られた。大きい選手にやられるならともかく、同じぐらいのサイズの選手に歯がたたなかった」

普通なら、そこで屈辱感を味わうのかもしれないが、猪狩は内心、嬉しくてしかたなかったという。

「悔しいというよりも、こいつにもできるんだったら俺にもまだまだできるなって思って、ワクワクを感じたのを覚えています」

その選手、トレモント・ウォーターズ※2は、その後ルイジアナ州立大を経て、2019年のNBAドラフト2巡目で指名され、現在はボストン・セルティックスに所属している。

留学から2か月余り過ぎ、最初の学期が終わると、猪狩はIMGアカデミーのサマーキャンプに参加した。キャンプでのプレーが認められ、夏が終わる頃にコーチからIMGに残らないかと勧誘された。

「IMGは設備もすごく、まわりも意識の高い選手が多くいたので、より成長できるのではないかと、井上先生に直談判しました。サウスケントに戻ったとしても、トレモントとポジション争いしなくてはいけないし、正直、難しいというのも感じてはいた。だったら、IMGのほうがチャンスがあるのかなって思ったんです」

IMGアカデミーでは、〝ナショナル〟と呼ばれる1軍チームと〝ブルー〟と呼ばれる2軍チームがあった。試合は別だが、練習は合同で行われる。シーズンの最初2か月は〝ブルー〟だった猪狩だが、練習で少しずつ信頼を得て、まもなく〝ナショナル〟に昇格した。

昇格して最初の遠征試合の対戦相手は、渡米直後の2か月間在籍したサウス

※2
トレモント・ウォーターズ
2022年現在フランスLNBプロAのメトロポリタンズ92所属。

ケントだった。

「サウスケントには仲良くなった友達もいたし、コーチもいた。みんなに成長した姿を見せてやりたいと思って張り切っていました。試合途中から出たときには10点差ぐらいで負けていたんですよね。でも僕のアシストやスティールからの速攻レイアップで一気に点差を縮めた場面があって。1分弱の出場時間だったんですけれど、その勢いで逆転して。最終的にはサウスケントに勝った。その次の試合から15分ぐらい、シーズン最終戦は20分ぐらい出させてもらえるようになった。俺でもできるという気持ちになれました」

そのときにマッチアップしたのは、渡米直後に完璧に叩きのめされたウォーターズ。短い時間だったが、「あの頃よりはちょっとやれるかなという手ごたえも感じた」と振り返る。

ウォーターズら、ＮＢＡレベルの才能をもつ選手たちとの出会いは、留学中の経験のなかでも特に刺激的な出来事だった。ＩＭＧアカデミーのチームメイトのなかにも、２０１７年のＮＢＡドラフト1巡目6位でオーランド・マジックに指名されたジョナサン・アイザックがいた。クリスマス休暇にほかのチームメイトが帰省するなかで、猪狩とアイザックだけがキャンパスに残っていたことがあった。2週間、共に自主練をし、毎日切磋琢磨した。

その休みが明けた直後の試合中にポイントガードの一人が肩を故障したことがあった。そのときにアイザックがコーチに「チャック（猪狩のあだ名）を使おう」と提案してくれた。

「あれは、彼から認めてもらったようで嬉しかった」と振り返る。

コートの中でしか価値を発揮できない選手にはなりたくない

猪狩が留学前から目標としていたのが、スラムダンク奨学生初のNCAAディビジョンI（D1）選手になることだった。その目標に向けて、大きな壁

Victory Rock Prepと対戦する
IMG在籍時の猪狩。
「シーズン中盤、出場時間も増えて
一番楽しい時期でした」
写真提供／猪狩 渉

盟友ジョナサン・アイザックと。
これだけの身長差があっても
身体能力で負けないことを目指す。
撮影／宮地陽子

は英語だった。何しろ、渡米した当初は、英語はほとんど話せなかった。

「宿題も多かったし、自分で英語も勉強してってなると、やっぱり夜中の1時、2時ぐらいまでかかるんですよね。IMGは6時頃から朝練があったので、勉強とバスケの両立がすごく大変で、泣きながら勉強していたのを思い出します。あまりにもできない自分に対して、このままで大丈夫なのかっていう不安や焦り。スラムダンク奨学生初のディビジョンIプレイヤーになりたいということにずっとこだわっていたので、14か月という限られた時間の中で間に合うのか、焦りがありました」

大学からの勧誘を待っていてはだめだと考え、全米中の、自分の成績や英語力でも行けそうなD1のコーチ宛に英語で売り込みメールを書き、ハイライト動画を作って送った。

少しすると、フロリダA&M大学のヘッドコーチから返信があった。大学を訪れ、最初の年は奨学金を半額出すというオファーをもらった。全額奨学金ではないとはいえ、目標としていたD1の大学からのオファーだ。

しかし、この話はその後、流れてしまった。フロリダA&M大はそれまで海外からの留学生アスリートを受け入れたことがなく、留学生アスリート向けの入学基準が設けられていなかったのだ。一般のアメリカ人学生と同じ基準を求められ、SAT[※3]とACT[※4]の点数がわずかに足りず、入学を許可されなかった。ディビジョンⅡやディビジョンⅢの大学からも勧誘されていたのだが、一度断ったこともあって、すでに枠が埋まってしまっていた。

ちょうどその頃、日本にBリーグが誕生した。それなら、いっそのこと帰国してBリーグに入り、若いうちにプロになったほうがいいのではないかと考えた。

「早くプロとしてのキャリアを始められるのはプラスになるんじゃないかと思って、Bリーグ入りを決意しました」

帰国した猪狩は、故郷福島のチーム、福島ファイヤーボンズのトライアウトを受けた。

「僕、福島が大好きなんです。福島でプレーすることが、一番自分の価値を高めてくれるんじゃないかなと思って」

実際、トライアウトを受けたときも、どこから話を聞いたのか、ファンの子どもたちが見に来ていて、サインや握手を求められた。

「やっぱり嬉しかった。そういう子どもたちから、こうなりたいと思ってもらえたら本望だなと。それで地元でプロ入りすることを決めたんです」

地元への思いの中には、中学2年のときの東日本大震災の記憶があった。

※3
SAT
アメリカの大学受験のための学力を測る統一テスト。

※4
ACT
アメリカの大学進学希望者を対象に行われる共通学力テスト。

「当時は、一つ上の先輩の卒業式で、卒業式に使われた体育館の片づけをしてから練習をする予定だったんです。ちょうど練習を始めるっていうときに地震が来ました。天井から蛍光灯は落ちてくるし、ステージのピアノはなだれこんでくるし、部室の棚は倒れるし。僕、キャプテンだったんで、とりあえず部員全員外に出して。でも校舎とかぐわんぐわん揺れているわけですよ。女子生徒は泣き始めるし」

　しばらくは日常生活を送るにも苦労する毎日で、バスケットボールどころではなかった。部活を再開できたのは震災から2か月ほどたった頃だった。

　そんな経験をしただけに、今も、地元に貢献できるような人になりたいという気持ちが強い。ふだんから、地元でバスケットボール・クリニック[※5]をするほか、２０１９年秋の台風19号による水害のときには、スポンサー企業の協力を受けて、被災者に衣服を届けたりもした。

「今、新型コロナウイルスが広がっている中で、改めてプロ選手って無力だなって感じるんです。大災害とか未曾有の危機のときって、結局、優先されるのは人の命や食料。スポーツやエンターテインメントは優先されることじゃない。だからバスケットだけやっていてもだめ。コートの中でしか価値を発揮できない選手にはなりたくない」

※5
バスケットボール・クリニック
技術指導や選手との交流を通じて、子どもたちにバスケットボールの楽しさを知ってもらう活動のこと。

ＮＢＡにどれだけ近づけるのか。人生をかけた挑戦

２０１９年、３年間所属したファイヤーボンズを離れた。契約継続のオファーはもらっていたが、それを断っての契約解除だった。３シーズン間、ほとんど試合に出られなかった屈辱感。それでも応援してくれる地元ファンの温かさ。その両方の理由から、ここに居続けてはいけないという思いを強くした。

「僕が求めているのはこういうことじゃない。ここで終われない」と猪狩。

「何でスラムダンク奨学金を受けたのか、何であのときアメリカに行こうと思ったのか。そういう思いを、プロになればなるほど忘れていってしまう自分が嫌だったんです」


Ｂリーグは年々盛り上がり、ファンも増え、選手の待遇も向上してきた。しかし、そういったことにはあまり興味がないのだと言う。それどころか、現役を長く続けるつもりもないと断言する。

「ＮＢＡ選手になりたくてスラムダンク奨学金を受けた。人生を通して、ＮＢＡにどれだけ近づけるのか。そこに人生をかけて挑戦するのが僕の人生だと思っています」


自分に憧れ、アメリカに行きたいと思ってくれる後輩が福島にいる。

「そういうやつらがいるのに、俺がこんな状態でくすぶっていていいのかって。こいつらのためにも前を走っていなきゃだめだなって思った」

故郷を離れた猪狩は、２０１９年秋に再びアメリカに戻り、ＮＢＡシカゴ・ブルズ傘下のチーム、Ｇリーグ※6に所属するウインディシティ・ブルズの公開トライアウトを受けた。１６００人集まった選手たちがどんどん減らされ、30人に絞られるまで残った。15人に残ればトレーニングキャンプに参加することができる。しかし、その直前でカットされた。

「無理な世界だとは思わなかった。限界まで自分の能力を高めて、それでも行けなかったら諦めつきますけれど、もっと速くなれるし、もっと高く跳べるし、もっと強くなれる。技術で勝負しようとしても限界がある。なので、今はひたすら身体能力を上げることにフォーカスはしています。よく、日本人は身体能力で勝てないからスキルやシュートで勝負しようとか言われる。でも僕はそれがすごく嫌なんですよ。アスリートだから、そもそも身体能力で戦えないと、ここでは上がっていけない」

大分の大浴場での運命の出会い。そのときに見つけた世界に、猪狩は今も挑み続けている。

※6 Gリーグ
選手を育成するためのNBA傘下のリーグ。

「スラムダンク奨学金で僕の人生は変わった。あの14か月が、僕の人生の進む方向を示してくれ、蘇らせてくれた。高校のときにくすぶっていたものにまた火をつけてくれた。だから井上先生には感謝していますし、スラムダンク奨学金のスタッフの方々にも感謝している。だからこそ、このままじゃいけないとも思っています」

今でも、苦しいときに振り返るのは、サウスケントやＩＭＧアカデミーで苦労した日々のことだという。

「あれが僕の原点、再出発点ですね」

今秋（2020年取材当時）もまた渡米し、
NBAに近づけるよう挑戦を続ける。
撮影／和田篤志

©FUKUSHIMA FIREBONDS

それから、2022年までの猪狩　渉

コロナ禍が明けた後、アメリカ独立リーグのABA[※7]シカゴ・フューリー、そしてその翌年にはTBL[※8]ダラス・スカイラインでプレーし、NBAを目指した。レベルが高い中でやれる手ごたえは感じたが、NBAやNBA傘下のGリーグの扉を開けることはできず、26歳になった2022年春に帰国。元々NBA挑戦は25歳までと決めていたこともあり、「今後はこれまで支えてくれた人たちに恩返ししたい」「家族の誇りになりたい」との思いで、故郷のBリーグチーム、福島ファイヤーボンズと契約した。一方で、NBAの夢も捨てたわけではなく「引退までにもう一度チャレンジしたい」と明かす。

※7
ABA
アメリカの男子バスケットボールの独立リーグ、American Basketball Associationの略。

※8
TBL
アメリカの男子バスケットボールの独立リーグ、The Basketball Leagueの略。

『SLAM DUNK』で好きなキャラクター、シーンは?

好きなキャラクターは沢北栄治《えいじ》です。僕もバスケットを始めた頃から1対1が大好きだったので、作中で一番1対1が強いプレイヤーだった彼に惹かれました。1対1では誰にも負けたくないと思うようになったのは沢北の影響が大きかったですね。好きなシーンは、沢北がアメリカに挑戦していたとき、ブロックされた後に笑った場面。強いやつと対戦したときに「すげえやつがいるな」ってワクワクして、嬉しくなるのは、実際に僕も感じたことがあって、「沢北はこういう気持ちだったんだな」とわかった瞬間でした。

『SLAM DUNK 新装再編版』19巻より

礼儀正しい渉ですが、自信と野心を隠さないギラギラした男でもある。サウスケントからＳＴＭに変える転換点となった特別な時期に、人一倍の努力を惜しまなかったからこそ、時に恵まれ道が開かれてきたと言えます。

（井上）

#7

心優しきビッグ・マンの自己格闘
ひたすら耐え忍び果たされたブレークスルー

谷口大智

第2期生

写真は取材当時（2020年8月）のものです。
撮影／伊藤亮

谷口大智　たにぐち・だいち

1990年4月15日生まれ、奈良県出身。2006年洛南高校に入学し、ウインターカップ3連覇を達成。この間にU15、U18日本代表にも選出される。卒業後、スラムダンク奨学金第2期生としてサウスケントスクールに入学。10年、2年制のアリゾナウエスタン大学を経て4年制のサウスイースタンオクラホマ州立大学に進学。卒業後、15年に秋田ノーザンハピネッツ(bjリーグ／Bリーグ）に所属。19年より広島ドラゴンフライズ(Bリーグ）、21年に茨城ロボッツ(Bリーグ）、22年より島根スサノオマジック(Bリーグ）に所属。センター、パワーフォワード。201cm、105kg。

バスケットボールというスポーツにおいて、
高さは絶対的な強みになる。
幼少時から高さを武器に重宝されトップであり続けた谷口大智。
しかし、武器は諸刃の剣でもあった。
そして憧れの地・アメリカで待っていたのは、
避けては通れない自己との格闘だった。

ビッグ・ダイチの憂鬱

人目が気になってしょうがない。それは性格でもあるし、思春期の入り口で経験したことが助長させたともいえる。

「もともとグイグイ前に出るタイプではなかったんです。それが取材で取り上げられ、メディアに出るにつれて、嬉しい反面、思春期だったので〝他人にどう見られているんだろう？〟と気になって……。いろんな話が耳に入ってきたりもしたので、あまり調子に乗りたくない、いろんな人に何か言われるのが怖いと思っていた時期がありました。それこそ魚住じゃないですけど」

『ＳＬＡＭ ＤＵＮＫ』で〝ビッグ・ジュン〟こと魚住《うおずみ》純《じゅん》が、

「デカいだけじゃんアイツ」

という仲間の陰口を聞いてショックを受けるシーンがある。〝ビッグ・ダイチ〟と呼ばれていた谷口大智にとって、他人事ではなかった。

小学６年生で１９１㎝。ミニバスではセンターで敵なしだった。当然目立つ。テレビで取り上げられ、一躍有名に。しかしテレビに出ると、家に見ず知らずの人から「あまり調子に乗るな」という電話がかかってきた。以来、新たな取材依頼は断るようになった。進学予定だった中学でも、入学前から「目を付けられている」という話が。そのこともあって、ミニバス仲間のいる別の中学校へ転校した。

小学校、中学校と全国大会へ進出し、京都の洛南《らくなん》高校ではウインターカップ3連覇。ベスト5にも選ばれ、U15、U18と世代別代表でもプレー。代表チームではキャプテンを任されたこともある。強豪チームで常に中心選手——誰もが羨む栄光の数々。しかしその陰で〝人目〟は常について回ってきた。

「バカなところで真面目というか、そこまで考えすぎなくてもいいのに自分で自分を追い詰めてしまう。周囲は『気にすることじゃない』『もっといい部分を見てもらえるようにしていけよ』と言ってくれます。でもヘンなところを気にするというか、八方美人というか。みんなに好かれる自分を目指していたんですね」

スラムダンク奨学金第2期で選出された二人

アメリカは、ずっと憧れだった。NBAのスター選手に憧れていたわけではない。

「バスケを本格的に始めたのが小学4年生の時。その時、親に『アメリカはトップ選手が集まるバスケの本場なんだ』とちらっと言われて。どうせやるならトップレベルでやってみたい、というシンプルな動機です。でも、そこからマインドが変わりました」

　実は、アメリカの高校進学を志して中学3年時に1か月アメリカを巡っている。バスケ一家の谷口家、人脈は広い。父のつてでロサンゼルスの日本人の知り合いの家にホームステイし、同世代のアメリカ人選手とともに練習した。

「誘ってくれた現地の高校もあったんですけど、あまりにも英語が喋れなかったのと、バスケの基礎をもっと身につけないといけない、と大人たちが判断して。それでビッグ・マンを育てることが上手で、基礎をしっかり教えてくれる洛南に行こう、と決めました」

　この決断は正解だった。

「中学生になって、自分より能力の高い選手が出てきていたのは感じていました。全国レベルでは、背が高いだけでは通用しない。どうにかしたいけど、どうにもできなくて悩んでいました。その時、ただガムシャラではなく頭を使わないといけない、と教えてくれたのが洛南の恩師、吉田《よしだ》裕司《ゆうじ》先生と作本《さくもと》信夫雄《のぶお》先生でした」

　全国トップのチームで基礎をしっかり積み上げ、世代別代表に。そして、

U18でともにプレーした並里成がスラムダンク奨学金第1期生に選ばれたことを知り、「アメリカでプレーしたい」という目標への道筋が具体的に開けた。作本監督には「日本の大学でプレーした方がいいのでは」と言われたが、第2期の奨学生に自ら応募した。

「最終トライアウトではピックアップゲームをしたんですが、自分をはっきり出せたかというと納得いってなくて。帰国する時は〝これはジミーに取られたかな〟という感覚でした」

ともに応募していた早川《はやかわ》ジミーは福岡第一高校。全国レベルの大会で何度も対戦し、代表チームでもいっしょだった。おちゃらけてはいるが、ことバスケットに関する熱心さは群を抜いている。だから彼に奨学生の座を取られることも覚悟していた。が、結果は二人とも合格。心強い戦友とともに希望の地・アメリカでプレーするチャンスを得た。

「でもまあ、どん底からのスタートでした」

期待に胸を膨らませサウスケントスクールの門をくぐったとたんに、谷口はコーチからショッキングな一言を突き付けられる。

「初日にコーチ・ジェフ(ケルビン・ジェファーソン)から『お前はセンターでは出られない』と言われて。練習でもピックアップゲームで僕とジミーだけ最後に残る。仲間外れにされるんです。当然開幕戦もプレータイムは0。試合に出られない苦しみを初めて味わいました」

自らに課した我慢

　アメリカに来ていきなりセンター失格の烙印を押されたことは、意外にすんなり受け入れられた。

「日本でも外国人留学生がセンターを務める高校はありましたし、当時の実業団でもインサイド[※1]は外国人の選手が多くて。インサイドの日本人選手の需要ってどうなんだろう、とはもともと考えていたことでした。それにヘンにプライドがあると足枷《あしかせ》になる、とはずっと思っていて。プライドを持っている選手は当然リスペクトしますが、当時学生の僕がそんなものを持っている場合じゃない。もっと上手くなるために来たのだから、と切り換えました」

　人目を気にすることで、あまり調子に乗っていると思われたくない。この深層心理からくる謙虚さがここでは吉と出たか。しかし——。

「ジミーはジミーで悩んでいるから、一人で悩まなきゃ、自分で解決策を見つけなきゃ、とヘンにこだわってました」

※1　インサイド
ゴール下のエリア。

問題を自分で抱え込んでしまう習性が、この先自身を苦しめることになる。
たしかに、日本では際立っていた高さもアメリカでは埋もれてしまう。他のビッグ・マンとの違いを見出そうと考え抜いた結果導き出したのは、「シュートレンジ[※2]を広げる」ことだった。入学後まもなく訪れることになるサマースクールでは、受け入れ先の大学で練習参加を直訴。自由に使えるウエイトルームでは先輩・並里直伝の「めちゃめちゃキツい」メニューで身体をいじめ抜いた。時間があればまず練習した。

センターとしてゴール下に君臨し続けてきた谷口にとって、シュートレンジを広げる＝アウトサイド[※3]からのシュートの修得はほぼ0からのスタートになる。

「いきなり打てるものではないんです。スリーポイントシュートなんて練習でも届かなかったですね。1年かけてミドルレンジ[※4]でロングツー[※5]まで打てるようになるのが精一杯でした」

ここで「打つ」とは、ただのシュートではない。シュートを「決める」までを含めて「打つ」だ。

「決めて当たり前、というマインドでないとなめられるんですよ。所詮相手じゃないから好きにしていいよ、みたいな態度をとられていたので。そこでインサイドを攻めると『あらよ』って感じで簡単にブロックされる。さらにアウ

※2
シュートレンジ
シュートを打てる範囲のこと。

※3
アウトサイド
ゴールから離れたエリア。主にスリーポイントライン付近。

※4
ミドルレンジ
スリーポイントラインより内側でゴール下のペイントエリアよりも外側のエリア。

※5
ロングツー
距離の長いツーポイントシュートのこと。

トサイドでボールを持つと、『いいよ、そこから打ってみろよ。外したのをリバウンド※6で取るから』って、小ばかにした空気が生まれる。こっちからすると、その空気感がすごく悔しくて。だから、わざとマークを外された時のミドルレンジのシュートは絶対決め切ってやる、決め切らなきゃいけないと」

必死だった。なのに、結果は空回りするばかり。日本では自分の思い通りになることの方が多かったのに、全く逆の状況に陥ったアメリカでギャップに苦しんだ。

当時を思い出すと、すべてが「我慢」という言葉に集約される。

「思い通りにならないことだらけのなかで、自分では変えられないこともある。価値観や、自分と周囲の認識の差はどうしようもない。コーチに『こんなに頑張ってる俺をなんで使わないんだ』と言ったところで何も変わらない。ぐっとこらえて結果を出すしかない。学校生活もそうです。英語が分からないからって、投げやりになっても何も変わらない。先生の話を聞き続けながら、分からないことと向き合う。耐えて、地道にちゃんとステップを踏んでいくしかない。もちろん楽はしたいけどできない。我慢するしか選択肢はなかったんです」

英語も難しかった。トイレへ行くにも翻訳機を携行するほど心細かった。目標とするディビジョンIの大学へ行くためにTOEFLを受けるも、コン

※6
リバウンド
シュートが外れリングやボードに当たって跳ね返ってくること。

ピュータが話す出題の内容がまず聞き取れない。最終問題で2択が出たのでとりあえず「No」と答えたら最終スコアを表示するかどうかの質問だったらしく、点数が分からないまま試験を終えたこともあった。今では笑い話だが、当時は何をすべきかすら分からなかった。その不安たるや、察するに余りある。

「心が折れてしまうことは何度もありましたね。ルームメイトにばれないように何度も泣いてましたし」

寮では1年間、ラニー・マックという陽気なルームメイトに助けられた。腕

コーチの子どもたちと。
校内にはコーチの住宅もあり、
子どもたちとの戯れが憩いだった。
よく谷口の部屋まで訪ねてきたとか。
撮影／スラムダンク奨学金事務局

にスコーピオンのタトゥーを入れているいかつい外見とは裏腹に優しかった。練習で不調な時や試合に出られなかった時は、傍らに来て肩を叩き、いつも「You can do it.」と励ましてくれた。

「でも女々しいと思われるのが嫌で涙は見せませんでした。だから彼がシャワーに出た時とかに泣いてましたね」

曰く、サウスケントスクールの寮は「『アルプスの少女ハイジ』に出てくるような山の斜面にポツポツと点在している」。本来は家族や友だち、そして子どもたちと戯れることが好きな仲間思いの谷口にとって、孤独を深める環境は己を追い詰める性格も重なり悩みをより複雑にしていった。

アメリカ生活最初で最後の事件

「当時は悩みすぎて食事ものどを通らないことがありました。壁にぶち当たるたびに、周期的に悩みに襲われる。僕は結構顔に出る方なので、へこみすぎると『大丈夫？』と本気で心配されてました」

後述するが、谷口はスラムダンク奨学金以後も5年、計6年アメリカで生活した。なかでも「特に苦労した」のが最初の1年間だったという。

英語や文化にまだなじめない状態で、人付き合いもままならない。加えて人目を気にして自分を表に出すことに対し消極的だったことで、自ら状況を難しくさせた。

限界だった。その発露として「6年間アメリカにいて最初で最後」の出来事を引き起こす。

スラムダンク奨学生は、みな「アジア人」という言葉をよく使う。「日本人」ではなく「アジア人」。現地の学生からすると日本、中国、韓国、台湾、どの留学生の顔も見分けがつかないので「アジア人」と一括りにされるからだ。そして一線を引かれる。一方で、アジア人はアジア人のなかで事情がある。

「僕が留学してた時は、アジア人のなかでも中国人が多く、プライドが高く気の強いやつが多かったんです。それで学校が休みの時、帰るところがない僕ら留学組はフィールドトリップでバスに乗って公園へ行くことになったんです。先生たちがバスケットボールやバドミントンの道具などを持ってきてくれて。すごく楽しかったんですけど、その帰りにテンションの上がった中国人がボールでふざけだして。いきなり僕にぶつけてきたんです」

何を言っているのかは分からないが、どうやら谷口が先に中国人へボールをぶつけたと、ありもしない因縁をふっかけてきたことは察知した。精神的に追い込まれるなか、つかの間の憩いを味わったばかりというタイミングも悪かった。さらに、アジア人の間で威張っている彼らの態度が普段から気に入らなかったのもある。しかもぶつけてきたのは、あろうことかバスケットボール。谷口のなかで何かが弾けた。

「バスは先生が運転しているので事を荒立てられない。それで『お前、バス降りたらおぼえとけよ』とだけ言って。到着してみんなで寮の談話室に入っていく時、バスが去ったのを確認した瞬間にそいつを引き倒して。馬乗りになって関西弁で『きさま、なにさらしとんじゃこらあ!!』って。焦ったジミーに引き離されました」

以後、中国人が二度とちょっかいを出してこなくなったのは言うまでもない。

「普段なら絶対しない。気持ちに余裕がなかったんでしょう。いろんなものが一気に爆発したといいますか。僕は怒るイメージを持たれていないから、あまりこの話はしないですし、話しても『嘘だ』と言われるんですけどね」

アメリカ生活6年でキレたのはこの一度だけ。つまり、この時期が最も精神的に追い込まれていたということだ。ただ、「逃げ出したい」と思ったことは一度もない。避けず、逃げず、どんなにネガティブになろうと、徹底的に「自分と対話」を続けた。

「何か言い訳が浮かんだ時は、そのたびに『なんでここに来た？』と自問するようになりました。きっかけは日本で大学生になった仲間のＳＮＳを見たことで。みんなすごく楽しんでる。〝楽しそうだな〟〝いいな〟と思う自分がいる。その時に『なんで自分はこっちに来たんだ？』と。バスケットを上達させるためにアメリカに来た。であれば、そのためにすべきことを最優先にしろ、と言い聞かせるようになりました」

それでも心が折れそうな時は、文章にして戒めた。パソコンで綴った日記のデータは、今はない。だが、途中から覚悟を公開して「有言実行」するために始めたブログには、当時の心境の一部が残っている。

耐え忍んで果たしたブレークスルー

報われるかは分からない、でも続けるしかなかった努力。目に見えるスピードではなかったかもしれない。しかし実力は地道に、そして着実に培われていた。

「わざとマークを外された際のミドルシュートは絶対決める。その意識を持ち続けた結果、残り時間わずかのなか途中出場して、本当に決め切れた試合がありました。そこからジェフの評価が少しずつ変わっていって。スタメンのパワーフォワードがケガしたタイミングもありましたけど、スタメンで起用されるようになって。やっと持ち味を出してスタメンの奴らと同等に戦えるようになりました。ただ、とにかく必死だったので勝ち取った実感なんてなかったんですが」

サウスケントスクールでの1年で、何かを成し遂げた感触までは正直得られ

練習に明け暮れた体育館。
気晴らしに日本人留学生たちと夜に忍び込み、
鬼ごっこをしていたという意外なエピソードも。
撮影／宮地陽子

チームでは愛すべきいじられキャラ。
留学時の詳細をおもしろおかしく語れるのも、
数々の苦しみを乗り越えられた今だからこそだ。
撮影／伊藤 亮

なかった。そして、まだ足りない何かを求めるように、谷口とジミーは奨学金事務局の協力を得て大学に売り込み、2年制のアリゾナウエスタン大学に進む。そして谷口はさらにその後、ジミーと別れて単身4年制のサウスイースタンオクラホマ州立大学へ進学した。

　スラムダンク奨学生初となるアメリカの4年制大学への進学。しかもサウスイースタンオクラホマ州立大学は、NBAのシカゴ・ブルズで黄金期の中心選手だったデニス・ロッドマンの母校である。ただし、奨学生としてではなくアリゾナウエスタン大のコーチのつてもあっての、自費での進学だった。

　アリゾナウエスタン大2年時には主力としてリーグ優勝に貢献したかと思えば、サウスイースタン大では練習生からのスタート。浮き沈みが激しくなった。それでも避けず、逃げず、自分と真正面から向き合うことを意地でもやめなかった。そして――。

「サウスイースタン大で日本人一人になってから、英語のレベルが一気に上がりましたね。最終学年では全額免除の奨学金をもらえました。学食でバイトをしてたんですが、3年間下っ端の皿洗いだったのが、シフトリーダーに昇格して。卒業1週間前に、サンディっていうボスのおばさんに『正社員にならないかい？』と真剣に誘われたのをよく憶えています」

サウスケントではミドルレンジから打つのが精一杯だったシュートも、その後スリーポイントシュートが打てるように。シュート力をかわれて、スモールフォワードやシューティングガードのポジションも任されるまでになった。

時間をかけて、ゆっくり、一歩ずつ。6年かけて果たしたブレークスルー。決して芯の強い人間でないことは自覚している。辛かったことを挙げればきりがない。でも、乗り越えられたのはなぜか。

「めちゃめちゃしんどい。苦しい。痛い。でもそれもひっくるめた大前提として、バスケが楽しかったです」

両親は高校バスケット部のヘッドコーチ。弟は現役プロ選手。妹も高校時代はウインターカップに出場。バスケ一家にあって、2歳の頃から遊び場は体育館だった。弟と妹もミニバスを始めると、両親が教えるチームと合同練習をさせてもらった。一番の思い出は、練習後の両親対子ども、2対3の家族ゲーム。子どもチームが勝てば帰りにアイスクリームを買ってもらえる約束だった。

「本気で挑むんですけど、親には勝てませんでしたね」

懐かしそうに笑う顔には、本来の優しさが溢れている。子どもの頃から生活の中心にあったバスケット。人生と伴走してきたバスケット。一切揺らぐことのなかったバスケットへの想い。谷口大智がギリギリで踏みとどまれた理由はここにある。

自分は自分

最終学年で負傷した右肘のこともあり、サウスイースタン大卒業後帰国した谷口は、秋田《あきた》ノーザンハピネッツ（当時b・jリーグ）に入団。その後、２０１９－２０シーズンからＢ２リーグの広島《ひろしま》ドラゴンフライズに移籍しリーグ昇格に貢献。２０２０－２１シーズンからは、同チームで国内最高峰のＢ１リーグを舞台にプレーする。インサイドだけでなくアウトサイドからスリーポイントシュートを決める姿は、身長２０１㎝の日本人ビッグ・マンには稀有なプレースタイルだ。

「サウスケントでの1年間は、自分のプレースタイルを確立させる試練を与えてくれました。僕のバスケ人生のなかでは確実な変化をもたらした1年です」

でも、まだ満足はしていない。

「今はパワーフォワードです。悩みは尽きなくて、ポジションの幅は得たものの、逆にインサイドに関して現状ではプロレベルで通用しないと思っていて。また変わっていかないといけないかなと。外からも打てるし、内でも点を取れるところを目指しています。まだまだ伸びしろはありますよ」

「チームに必要とされる選手でありたい」と考える30歳は、まだまだ成長を志す。以前同様、周囲の期待に応えたい。しかし以前とは違い、人目を気にする自分はもういない。

「高校までは周りにどう思われているのか、すごく気にしていた自分がいました。でもスラムダンク奨学金で留学して、自分との対話を続けた結果、今の自分の立ち位置やレベルを客観視できるようになりました。そして〝周囲が何を言おうが自分は自分〟と思えるようになった。いまだに感情が入りすぎると客観視できなくなる場合もありますが、いったん落ち着いて考えるように心がけてます」

周囲に求められて合わせるのではない。自分から動いて周囲に応えたい。

「自分のバスケットの可能性を伸ばせる5〜6年にしたいですね」

客観的に見て、現役はあと5〜6年と踏んでいる。一方、自分次第でどこまでも成長を続けられると信じている。アメリカでの自分がそうであったように。その意志を示すかのように、サウスケントでもらった背番号55を今に至るまでずっとつけ続けている。

©SHIMANE SUSANOO MAGIC

それから、２０２２年までの谷口大智

広島ドラゴンフライズではＢ１に昇格するも、プレー時間が限られることに。その後２０２１年に茨城ロボッツへ移籍。スリーポイントシュートが放てる貴重な日本人ビッグ・マンとして存在感を放ち、ＦＩＢＡバスケットボールワールドカップ２０２３アジア地区予選では日本代表に選出された。Ｂリーグでは外国人選手がレギュラーを張ることの多いセンター、パワーフォワード。当然レギュラー争いは厳しいものになる。その中でも集中を切らさないのは、ベンチでチームを盛り上げる姿からも分かる。そして２０２２年、島根《しまね》スサノオマジックへ。Ｂ１開幕戦ではスタメンの座を勝ち取った。

『SLAM DUNK』で好きなキャラクター、シーンは?

アメリカに行って好きになったのは、海南《かいなん》大《だい》附《ふ》属《ぞく》バスケット部に神宗一郎が入部して、センターからシューターになったエピソードです。高頭《たかとう》先生にも期待されないなか、きれいなシュートフォームを磨いて、No.1のスリーポイントシューターになる。そこまでの努力に、すごく共感するものがあります。高校までは読んでいても流していたのが、留学して帰国したタイミングで読み直したら目に留まって。『SLAM DUNK』はいつ読むかで心に残るシーンが変わるんですね。

『SLAM DUNK 新装再編版』9巻より

そう、大智は優しいんです。いろんなことがあったな。もっとしてやれることがあったかもな。インタビューを読むといろいろな思いが去来します。大智にはまだまだ伸びていってほしいです。

（井上）

#8

最大の武器は夢を信じ続ける心
逆年表を修正しながら前に進む

小林 良

第11期生

12歳のときに巡り合った夢は、
見るものではなく信じるものだった。
自分の武器を磨き、留学したところまでは計画通り。
アメリカに出て見えてきた困難な道に真剣に向かい合い、
一つの答えを出した。

写真は取材当時（2020年7月）のものです。
撮影／和田篤志

小林　良　こばやし・りょう

2000年1月8日生まれ、神奈川県出身。2012年、中学1年でジュニアオールスターの神奈川県選抜メンバーに選ばれ全国優勝。U14関東エンデバーにも選出され、3年時にはU16日本代表候補に。15年桐光学園に入学。2年生時にインターハイベスト8。18年スラムダンク奨学金第11期生として、セントトーマスモアスクールに入学。19年コネチカット州ブリッジポート大学に進学、3年で学士課程を修了し、同大学院へ進学。ポイントガード、シューティングガード。185cm、85kg。

夢を信じる力

「いっしょに夢を見ないか？　NBAを目指してみないか？」

そう言われたとき、当時12歳だった小林良は躊躇することなく「やりたいです！」と即答した。

漫画の中に出てくるような、そんなセリフを小林に投げかけたのは、所属していたバスケットボール・スクールのコーチ、白澤卓《しらさわたかし》（現Bリーグ横浜ビー・コルセアーズの育成チーム・ヘッドコーチ）。呼び出されて、母といっしょにファミレスに行ったときには「僕、何か悪いことして怒られるのかな」と思っていたという。それが、怒られるどころかワクワクするような誘い言葉。これが、すべての始まりだった。

白澤とは、当時すでに長い付き合いだった。その5年前に3歳上の兄が通い始めたスクールのコーチとして出会い、小林自身も小学校高学年に上がると教わるようになっていた。

それにしても、白澤はなぜ、小学校を卒業したばかりの小林にそんな声をかけたのだろうか。

「良は標準以上の良い選手でしたけれど、プレーにおいて特別光るものを感じたわけではないんです」と白澤は振り返る。

それでも、小林にはほかの子にはない可能性を感じた。その一つが「夢を信じる力」だ。白澤自身、12歳の子に向けて突拍子もないことを言っているという自覚はあった。しかし小林にはそれを真剣に受け止め、一途に目指す純粋さがあった。それはどんなにすばらしい能力やスキルにも代えられないものだった。

実は小林は、その少し前まで何度もバスケットボールをやめようと思っていた。バスケットボールを始めたのは小学1年のとき。兄が入っていたミニバスのチームの人数が足りなくなったときに誘われ、大好きな兄といっしょにいたいという思いで始めた。そんなきっかけだったから、小学校の頃は体育館に遊びに行っているような気分だった。特に向上心もなく、練習では怒られることも多かったので、何度もやめたくなった。近くで見ていた母も、兄がミニバスを卒業したときに小林もやめると思っていたという。

それが、小学校を卒業した頃に白澤から「夢を見ないか」と言われたことで、目の前がパッと開けた。見えている世界も、バスケットボールに対する思いも一変した。

「白澤さんがいなかったら、僕、今、バスケットボールやっていないと思います。それぐらい大きな出会いでした」と小林は感慨深げに語る。

以来、小林は白澤と二人三脚で、NBAを目標とした準備を始めた。学校の部活に所属しながら、白澤のスクールにも通い、アメリカでプレーするときに備えた練習をしていた。

「白澤さんは、バスケットボール小僧がそのまま大人になったみたいな人なんです。勉強熱心で、熱量と愛があって。おかげで、それまでの日本にはなかったようなコーチングを受けてきました」

目指している世界を確認するために、中学の間に二度、白澤と共に渡米し、NCAAやNBAの試合を見た。小学生の頃からずっと憧れの存在だったコービー・ブライアントは、タイミング悪くアキレス腱断裂で欠場していたときだったが、その試合で自分との身長差が10cmもない１７５cmのアイザイア・トーマス（当時サクラメント・キングス）が２０８cmのオールスター選手、ドワイト・ハワード（ロサンゼルス・レイカーズ）を吹っ飛ばしてダンクを決めた場面に遭遇した。それを見て、「この身長でも戦えるんだ」と衝撃を受けたことは、今でも鮮明に覚えている。

アメリカの熱いバスケシーンに刺激を受けた小林は、このとき、白澤ら同行した人たちに向かって「日本一になります」と宣言。その言葉通りに、帰国後、ジュニアオールスターの神奈川《かながわ》県選抜のメンバーとして1年生ながら試合に出場し、全国優勝を果たした。

中学の間は順調に前進している手ごたえがあった。中学1年のときに関東地区のトッププレイヤーが集まる関東エンデバーに選ばれ、アンダー世代の代表ヘッドコーチを務めていたトーステン・ロイブルがクリニックに来ると猛アピール。その甲斐あって、中学2年のときにはU14トップエンデバーに選ばれ、中学3年でU16日本代表候補入りを果たした。

「本当に、着々とステップを踏んでいって、なんとか代表候補まで最終的にはたどりついたっていう感じでした」

しかし高校に入ってから、いくつか失望や挫折を味わう。

当初小林の計画では、アメリカの高校に進学する予定だった。中学のときに渡米したのは、その下見のつもりだった。

「自信もあって、アメリカに行くぞと思っていたんです」

しかし、それは実現しなかった。高校までは日本で進学してほしいと願う父親から反対されたのだ。泣いて、喧嘩もして懇願したが、説得することはできなかった。

「現実的にはそうですよね。最終的には、桐光学園《とうこうがくえん》への進学を決めました」

桐光学園は兄も進学し、インターハイに2年連続出場していた強豪校だった。それ以上に地元、神奈川の高校ということが決め手になった。地元の高校なら、それまで同様に部活の合間に白澤にバスケットボールを教えてもらうことができる。それなら、もっと準備を整えて高校卒業後の渡米を目指そうと、気持ちを切り替えた。

高校に入って楽しみにしていたことの一つが、U16日本代表としてアジア選手権に出場することだった。中学3年の10月に選ばれたときには24人いたU16代表候補は、強化合宿を重ねるにつれて人数が絞られていった。小林は12人に絞られるまでロスター[※1]に入っており、高校1年の夏にはドイツ遠征にも行った。ところが、秋の大会直前にメンバーの入れ替えがあり、そこで外されてしまった。

このときのことを、小林は「人生初の挫折」と表現する。高校の先生からメンバーに入れなかったことを告げられると、すぐに母親に電話をかけ、電話越しに泣いた。代表として世界を相手に戦おうと意気揚々としていただけに、失望は大きかった。さらに、合宿のために度々練習を抜けていたことで、高校のチームのほうでも居場所がないような気分にもなり、すべてを失ったように感じていた。

※1 ロスター
出場資格のある選手の名簿。

少しして、ようやく「鼻を折ってくれたのはいい機会だった」と考えられるようになると、ゼロから再スタートするつもりで、アメリカに向けてのトレーニングを再開した。

スラムダンク奨学金に応募したのは、それから間もなくのことだった。ある日、高校の顧問の先生がチーム全員を集めて、出願フォームを手に「スラムダンク奨学金に応募するやついるか?」と聞いてきた。小林はまっすぐ上に手をあげ、「それ、僕にください」と言った。

でも、試合になったらお前がチームで一番うまいんだぞ

封筒をあけて「合格」の二文字が見えた瞬間、思わず飛び跳ね、「ワー!!」と歓喜の声をあげていた。スラムダンク奨学金の合格通知だ。中学1年の「夢を見ないか」から目指してきたアメリカにやっと行けるという喜びだった。

「でも、それがゴールではなかったし、夢はアメリカに行くことではなく、アメリカに行ってどうするかっていう部分だったので。だから、ずっと準備してきたものがやっとスタートラインに立ったっていう感覚でしたね」

実は、合格するという予感は、最終選考で現地、セントトーマスモアスクー

ルを訪れたときから感じていたのだという。

「学校を見て、最初の練習を終えた時点で、『あぁ、俺、ここに来るんだろうな』って思っていました。あまり人には理解されない感覚なんですけれど、トライアウトとかをしていると、たまにそういう感覚になるときがあるんです」

中学に入ったときから6年、誰よりも真剣にアメリカを目指して準備してきたという自負もあった。白澤との練習はもちろん、動画サイトを見るときも、アメリカの同年代選手たちのサイズやスピードを意識して見ていた。

実際にスラムダンク奨学生として渡米して留学生活が始まった後も、アメリカ人選手たち相手でも驚くことはなく、予想通りと感じることのほうが多かった。

「正直、他の人たちに比べるとそんなに（日米の）ギャップは感じていなかったかもしれないです。実際に自分の目でアメリカを見たことがあったし、中学3年間と高校3年間、アメリカのバスケを想定した練習を白澤さんとずっとやっていました。だからサイズ感やスピード感は予想通りだった部分のほうが大きかったですね。最初の3か月ぐらいはフィジカル面で負けたりとか、なめられる部分はあったんですけれど、それも実力を見せていくと、努力のプロセスを見てもらうことで相手の印象っていうのはだいぶ変わっていったので」

試合にも最初から出してもらえていた。その理由を小林は、「コーチから言われたことに対する反応が早かったので」と説明する。第10期生の鍵冨太雅から「ディフェンスを頑張れば試合に出られるよ。コースに入ればチャージング[※2]も取れる」とアドバイスを受けていたことも役に立った。

高校のときは2番[※3]、3番[※4]でプレーしていたが、セントトーマスモアではポイントガードにコンバートした。コーチとのコミュニケーションが一番必要なポジションだ。子どもの頃から英語教室に通っていたことや、スラムダンク奨学金の留学準備として、英語塾に通ったこともあって、問題なく会話できるようになっていたことが大きかった。

セントトーマスモアのヘッドコーチ、ジェリー・クインは、前のシーズンに通算1000勝をあげ、バスケットボールの殿堂入り候補にあげられたこともあるベテランコーチだ。試合中や練習中は厳しいが、コートを離れると優しい表情になる。

小林は、自ら積極的にクインコーチとコミュニケーションを取るようにしていた。コーチがポイントガードだったと知ると、現役時代の話を聞いて、コーチから見た理想のポイントガード像を知ろうともした。ディフェンスがよく、シンプルなプレーを的確にできるポイントガードだとわかると、そこを目指し、

※2
チャージング
オフェンスの選手がディフェンスの選手に突っ込んだり体を押さえつけたりする不当な接触。

※3
2番
ポジションの呼び方の一つでシューティングガードのこと。

※4
3番
同じくスモールフォワード。

セントトーマスモアスクールでは
ポイントガードを務めたが、
自らシュートを打つ場面も。
写真提供／小林 良

苦手な左手ドリブルも練習した。

最大の課題は、能力の高いチームメイトたちの中で、自分の持ち味をどう出すか。練習でも試合でも、チームで自分が一番下手だと思っていた小林は、自分がシュートを打つよりチームメイトにパスを出したほうが成功率は高いと考えすぎてしまっていた。そのたびにクインコーチからは「もっと自信を持て」と怒られていたが、自分本位になりすぎないことと自信を持って攻めることをどう両立したらいいのかわからずに、戸惑いを感じていた。

そんなあるとき、クインコーチから、練習コートのすぐ横にあるオフィスに呼び出された。そこで、こう言われた。

「練習中は自分が一番下手だと思っていい。でも、試合になったらお前がチームで一番うまいんだぞ」

味方にパスを出すことも大事だが、自分で攻めなくてはいけない場面もある。特に試合ではもっと思い切ってやれ、というアドバイスだった。

「そこからちょっと吹っ切れたというか、気が楽になった。すごく助けられた言葉ですね」と振り返る。

同じ第11期生として留学したホール百音アレックスの存在も心強かった。妹がいて兄貴的な性格のホールと、兄が大好きな弟気質の小林は相性もよかった。

「お互い負けず嫌いな部分はあるので、オフの日に1対1をしているとバチバチとなることはよくありましたけれど、それでお互いの関係が悪くなるっていうことではなかった。アレックスはすごくいいやつで、優しくて、お兄ちゃん気質。色々と助けてもらいました」

初めて親元を離れて寮生活をしたことで、一人で考える時間が増え、自分のアイデンティティを持つようにもなった時期だったと振り返る。

「それまでは小林良という人間に強いこだわりはなかったんですけれど、アメリカに行ってからは、そういう哲学的な部分も自分の中で芽生え始めて、アイデンティティとしてちゃんと確立しようっていうふうに思うようになった。そのきっかけをもらえたのがスラムダンク奨学金の1年間だったと思います」

目標に向けての逆年表

日本にいたときから、小林はNBAへの道筋を考えていた。何しろ、中学生にとってNBAはとてつもなく遠い世界。夢で終わらせないためには計画が必要だった。白澤や両親からアドバイスを受けながら、目標に向けての逆年表を作るようになった。

「NBAに入るという目標が何歳のときで、そのためにこのときに何をするという逆年表を作り、最初の目標を達成するためにはどうすればいいかと計画を立てました。それが習慣になって計画性を鍛えられ、当時から5~6年先の自分をちゃんと見ることができていました」

そのときからの計画で、大学はNCAAディビジョンⅠ（D1）に進学するつもりだった。しかし、セントトーマスモアでのシーズン中に奨学金のオファーは来なかった。

シーズンが終わって、春休みに入った頃、クインコーチから、同じコネチカット州にあるディビジョンⅡ（D2）のブリッジポート大学が興味を示していると聞き、ホールやニュージーランド人の選手と共に大学を訪れた。キャンパスを案内してもらった後にトライアウト兼ピックアップゲーム。そこで活躍した小林には、次の日にフルスカラシップ（全額奨学金）のオファーが届いた。目標としてきたD1の大学ではないが、D2の中ではNCAAトーナメント[※5]の出場を狙えるレベルの大学。訪問したときに出会ったのはいい人たちばかりで、キャンパスの雰囲気や海沿いという立地も気に入った。何より、フルスカラシップを出すほど評価してくれていたことは重要だった。

「日本に帰るという選択肢は僕の中ではなかったんです。なんとかしてアメリカに残ってやろうと思っていた。D1に行きたいという葛藤はあったんですけれど、タイミング的にラストチャンスという時期だったこともあって決めました。これはアメリカで学んだことの一つでもあるんですけれど、選択がベストかどうかよりは、自分が選択したものをベストに変える努力をしようと考えるようにしているんです」

大学1年目は順調に進んでいた。勉強面ではビジネス・アドミニストレーション（経営学）を専攻。大学に入るまでは、NCAAでバスケットボールをするためには規定以上の成績が必要だという理由で勉強をしてきたが、大学

※5
NCAAトーナメント
全米大学体育協会が主催する大会。ディビジョンごとに年に一回開催され上位チームが出場し、トーナメント方式で優勝を争う。

に入って、自分の将来を考えたときに、現役を引退した後の人生も考えて、ビジネスを学びたいと思うようになったのだという。それは、アメリカでの経験で人間として成長した表れでもあった。

「今までは、自分のキャパではバスケットボールに集中することしかできなかったんですけれど、アメリカに来て、自分を知って、バスケットボール以外の世界を初めて見た。セントトーマスモアで人として成長できたことで、バス

ブリッジポート大では1年生ながら、
全試合に近い25試合に出場し、ほぼ毎試合
スリーポイントシュートを決める活躍を見せた。
ロバーツ・ウェスレヤン大学との試合にて。
写真提供／小林 良

ケと勉強を両立しながらやれるようになったんだと思います」

バスケットボールでも、1年生の中では唯一ローテーション入りし、ほぼ全試合に近い25試合に出場。チームはD2の大学の中で全米ランキング13位と好成績をあげていた。出場時間が1試合平均7分と短かったのは悔しい部分だったが、その限られた時間の中でシューターとしてほぼ毎試合スリーポイントシュートを決める役割をこなし、成功率も42・6％と高かった。

シュートは日本にいたときから、誰にも負けない自分の武器として磨いてきたスキルだ。

「小さい頃から白澤さんに教えてもらったことの一つに、平均的にいいプレイヤーよりは、何か欠けていても、誰よりも強いものを持っているプレイヤーのほうが成功するということがあったんです。僕にとって、県選抜や日本代表候補に入れてもらいながら見つけてきた武器がシュートだった。そこは昔から変わらず、今でも大切にしています」

大学1年のシーズンはNCAAトーナメント1回戦の前日に突然の終わりを迎えた。新型コロナウイルス感染防止のために中止となったのだ。地区第1シードでのトーナメント出場で胸躍らせていたのに、予想外のエンディングだった。

ここの5年間は本当に死ぬ気でやりたい

人生、すべてが計画通りにはいくわけではない。小林が逆年表で立ててきた計画も、現実にあわせて、少しずつ修正が必要になっていた。中学1年のときは「やりたいです！」と純粋に言えていたことや、NBAの試合を見て「あそこでプレーする」と純粋に信じていたことでも、年を重ねるうちに、本当にできるのか疑いを持つ瞬間もある。高い目標に向かって進んでいるからこその葛藤だ。挑戦というのは夢と悩みの積み重ねなのだ。

「アメリカに実際に来てみて、バスケットボールをして、同年代でどうしても勝てないやつらはいる。その現実の厳しさを知ったんですね。正直、挑戦するっていう自分の姿勢に疑いの意識を持ったこともありました」と本音を明かす。

自分には無理だと諦めてしまうことは簡単だった。一方で、NBA自体が中学1年のときに会場で感じたのとは違う世界だということも見えてきていた。NBA選手といえども最初から何でもできたわけではなく、どの選手も自分に足りないところを埋める努力をし、成長してきたことでそこにいるということがわかってきたのだ。

「平凡なプレイヤーがＮＢＡという輝かしい世界に行けるかどうかは、誰もわからないと思うし、別にわかる必要もないと思うんです。ただ、そこに僕がチャレンジしたいだけ。現実的な話かどうかっていうよりは、僕の夢として、トライせずにはいられないっていうモチベーションなわけで。もちろん、努力でかなう部分とかなわない部分があるのもわかるんですけれど、でも努力で勝てる部分があるのをもう知っている。だったら、その努力で勝ちきってやりたいっていう、負けず嫌いな部分が出ている」

そんな葛藤や不安の末、最近、一つの覚悟を決めた。

「ＮＢＡに行くリミットが25歳だとすると、あと5年しかない。この5年間にバスケ人生すべての熱量を持って、灰になるぐらいまでやりきらないとかなわないような夢だと思う。挑戦しないまま何か別のことをしたり、挑戦しないままバスケットボールをすることは、僕自身が許せなくなるし、バスケットボールに対しても失礼なこと。僕の中でのけじめとして、ここの5年間は本当に死ぬ気でやりたい。それが、自分の中で出した答えなんです。やっと気持ちが固まりました」

自分で悩みながらも結論を出せるようになったのも、アメリカで一人の人間として過ごし、成長したからこそだった。

「スラムダンク奨学金は、自分を人間として成長させてくれるきっかけだったと思います。いろんな世界に触れて、一人の人間としての価値観を持ったり、アイデンティティをしっかり確立させることのきっかけになりました」

奨学金に合格したときに「これがスタートラインだ」と思った。今から思うと、それはＮＢＡという夢に向けてだけでなく、小林良という人間の、人生のスタートラインだった。

日々挑戦を続ける小林選手の近況はnote(note.com/ryokobayashi)に綴られている。
撮影／和田篤志

写真提供／小林良

それから、2022年までの小林　良

大学1年時、D2全米ランキング9位校としてNCAAトーナメントを戦う直前にコロナ禍で大会が中止。翌年は大学がリーグ不参加を決断。大きな逆境を前に気持ちを切り替え、大学を3年で卒業し、大学院生として2年のプレー資格を得ようと計画をたて、2022年6月に見事経営学部を首席で卒業した。バスケットボールでは成長できる環境を作るため、大学に掛け合って元AC[※6]をヘッドコーチとして迎え入れ、新たなスタートを切った。予期せぬ出来事に、逆年表は何度も書き換えられたが、最終目標のNBAは変わりない。それまでにいかに力をつけるかを何より最優先に考えているという。

※6　AC　アシスタントコーチのこと。

『SLAM DUNK』で好きなキャラクター、シーンは？

安西先生が桜木花道のシュートの個人合宿をしたときに「下手糞の上級者への道のりは、己が下手さを知りて一歩目」という格言を言うシーンがとても印象に残っています。僕自身、今でも自分は下手糞だと思いますし、自分が平凡だということを知っているのがまず一歩目だというのをあの場面に重ねて、大事にしているシーンですね。キャラクターはみんな好きすぎて一人選ぶことはできないんですけれど、あえて絞るとしたら流川か沢北。アメリカ志向で、有言実行していく感じだったり、負けず嫌いな感じが好きです。

『SLAM DUNK 新装再編版』14巻より

良はとても礼儀正しくクレバーで、精神的に自立していて、つっこみどころがない（笑）んですが、やはり彼なりに挫折や悩みもあるんだなと知ることができました。学業でも優れた結果を残してくれているのは、計画と努力の賜物です。

（井上）

#9

村上駿斗

第7期生

実現させたバスケットと学業の両立
やり切ってきた男が迫られた究極の選択

写真は取材当時（2020年9月）のものです。
撮影／伊藤亮

村上駿斗　むらかみ・しゅんと

1996年2月17日生まれ、山形県出身。白鷹町立東中学校で山形県大会優勝。山形南高校ではインターハイ、ウインターカップでともにベスト16入りを果たす。2014年スラムダンク奨学金第7期生として、サウスケントスクールに入学。帰国後15年にパスラボ山形ワイヴァンズ（当時NBDL、現Bリーグ）に入団。17年に広島ドラゴンフライズ（Bリーグ）、19年にライジングゼファーフクオカ（Bリーグ）、20年に滋賀レイクスターズ（現滋賀レイクス、Bリーグ）に所属、21年より期限付移籍にてパスラボ山形ワイヴァンズに加入。ポイントガード、シューティングガード。185cm、85kg。

周りに流されるままをよしとせず、
自分の信じる考えをやり切ることで結果を出してきた。
その生き様はアメリカの地でも通用した。
しかし、最善の判断が最高の結果を招くとは限らないことを知る。
それでも信念を貫くか、新たな生き方を取り入れるか。
18歳にして訪れた大きな葛藤。その先に下した結論は――。

「人と同じことをするな」

体育祭では応援団長。合唱祭では歌も楽器もたしなんでいないのに指揮者。クラスでは学級委員。もちろんバスケットボール部では部長。特に中学生の時はなんでも率先して大事な役割を引き受けた。

「人と同じことをするな」

教員である父に、ずっと言われ続けてきた。

「幼い頃から、みんなが持っているものを欲しいと言うと『よそはよそ。うちはうち』。どの家庭でも言われることでしょうが、僕の家では本気で言われていて。だから、人と違うことをする思考が根付いたんです。もっとも、中学の時はどちらかというと目立ちたかったんですが」

〝周囲がそうしているから〟は理由にならない。だから、スラムダンク奨学金へ挑戦することも躊躇はなかった。

「アメリカはバスケの本場であること。あと高校を卒業後、みんなと同じように日本の大学へ進まなくてもいいのではないか、と考えていて」

スラムダンク奨学金に応募するとなると大学推薦の話はすべて断らなければならない。将来を左右する重要な岐路。だが、迷わなかった。

「高校3年春に監督と進路に関する面談をした時に、『大学からの話も来てるが、どうする？』と言われましたが全部断りました。どこから誘われているのかも聞かなかった。もし有力な大学から魅力的なオファーが届いていたら迷うかもしれない。迷いたくなかったので『スラムダンク奨学金一本で』と話しました。もし不合格なら大学を一般受験する覚悟でした」

人生を決める一発勝負。「今思い返すと、よくそんな自信があったなと思うんですけど」と笑うが、合格する自信はあった。中学時代、山形県のジュニアオールスターではキャプテン。全国から参加者を募り選考されるJr. NBA日本チームJOMO CHALLENGEでは、最終合格者12名中、最年少で唯一の中学1年生として選ばれた。3年時には県大会優勝。山形南高校に進学後もインターハイベスト16。ウインターカップにも出場。ガードからセンターまでこなすオールラウンダーとして県内では名の売れた選手だった。その過程で同世代の全国レベルの選手たちと知り合い、交流していたことで、進路に関する情報を得ていたことも大きかった。

「みんな、進学する大学の話をしていて。ということは、彼らはスラムダンク奨学金には応募してこないはず」

だから、合格を知った時も平然と受け止めた。

「よーし、ここからいろいろやらないとって。やるからには何か爪痕を残したい。ディビジョンI（D1）の大学に進むことはもちろん、がんばっている姿を見せたい。現地では僕という人間を通して日本人が評価されてしまう。そういった責任を自らに課しました」

やるからにはこれまでの奨学生とは違うことを。スラムダンク奨学金第7期生・村上駿斗はたぎる野心を胸に2014年3月、アメリカへ飛んだ。

「いったい何が起こった？」

英語は最大限準備していたつもりだった。

「バスケットで評価されても最後は英語の壁でD1に進めなかった先輩方が少なからずいた、という話を聞いていました。なので合格後も地元に来ていた留学生から英会話を習ったりしていたのですが」

しかしネイティブの英語となると勝手が違う。理解できないことで余計重圧が襲う。だから、ただのピックアップゲームでも動揺した。何を話しているか分からないのはもちろん、チーム分けもよく分からない。思わず相手チームの選手にパスをしてしまい、周囲にいぶかしまれた。

「小学校2年でバスケを始めた時ですらそんなことしなかったのに。アメリカに来たらいきなりこんなことになるんだと。テンパってる自分に自分でびっくりしました」

日本の高校は新学期が4月から。だがアメリカでは9月から。アメリカで春は卒業間近のシーズンオフに当たる。バスケットもシーズンオフ。やる気を漲らせて渡ったものの、オフの緩い空気に面食らった。本来ならさっそく真剣に

高校時代も下宿生活だったため、
寮生活にはすんなり順応。
ただ、雪国育ちでもサウスケントの冬は厳しかったとか。
撮影／スラムダンク奨学金事務局

バスケットをしたい。しかし、現実に直面してまず思ったことは、

「とりあえず勉強しよう」

ということだった。

「まずは最低限の単語と文法を覚えて喋りたいことを伝えられるように。そこから英語の容量を増やす。まず目の前の足りないところから自分で考えてやっていきました」

夏はＩＭＧアカデミーで過ごしたが、バスケットより勉強。1日10時間以上集中した。

「勉強は嫌いですけど、要領はいいので。日本にいる時もテストの点数をとれると思うまでやった。大丈夫だと確信したら以降はやらない。危機感を覚えたらやるタイプです」

無駄を省き、必要と考えたことだけに集中する性格。その要領の良さと集中力の高さは、すぐ、しかも飛躍的に伸びたテストの結果で証明された。

「『あ、わかる』という瞬間が突然来るんです。すると自信がついて、話すことがどんどん楽しくなる。それからはもう勉強はせず。身につけた基礎で日常会話をしながら伸ばしていきました」

新学期となる秋に帰ってきたチームの面々も、2～3か月前までピックアッ

プゲームすらまともにできなかった村上が流暢《りゅうちょう》に英語で話していることに驚いた。

「『いったい何が起こった？』と聞かれたので『日本に帰らずＩＭＧで勉強してた』と英語で説明して。コーチのケルビン・ジェファーソンもすごく喜んでくれた。『お前がどれだけ努力したか、話していれば分かる』って。バスケではないですが学業のハードワークを評価してくれて、チームメイトにも認めてもらえました」

新シーズン前の時点で英語をクリアし、チームにも溶け込んでみせた。以後も村上の快進撃は続く。サウスケントスクールではランチ時に成績優秀者の発表があるが、発表される生徒の常連になった。さらにチームでもスタメンを早々に勝ち取ることに成功するのである。

村上の代のバスケットチームは、実力者が居並び例年以上にハイレベルなチームだった。

「最終的にＤ１に進んだ選手が６人はいました。レベルの高さは最初から分かっていたんです。なぜかというと、寮に各選手のポストが設置されているんですけど、大学からすごい量の勧誘レターが届く。大げさでなく１００通以上のレターがポストに入っているのを見たんです。たしかに全員すごい実力だった。逆に言えば、このなかでスタメンになり試合に出られれば、自分はD1レベルだということ。なのでプレータイムを勝ち取りに出ました」

将来のNBA候補生がそろうなかでも、さらに飛び抜けた存在がいた。トレモント・ウォーターズ。2019年のNBAドラフト2巡目、全体51位でボストン・セルティックスに入団したスター候補。しかも、ポジションは村上と同じオールラウンダー型のガード。身長は村上より低い175cmで年齢も二つ下だ。

「弟と同じ歳なんですよ。日本だったら年齢が一つ違うだけで相当実力差がつく世代なのに、めちゃくちゃうまい。年齢は関係ない、世界は広いと気づかされたのが彼の存在です。これはかなわない。それでも試合に出るためにできることを必死に考えてました」

チームはNBAを目指す選手ばかり。当然アピール合戦になる。だが試合では完全エースのトレモントが全部やってしまう。選手のなかにはスタンドプレーに走る者もおり、チームのまとまりに欠けていたのが問題だった。そこで選手同士が話し合いをするなか、トレモントを活かし、かつチームを機能させる役割として村上の名前が挙がった。

「トレモントとコンボガード※1という形で僕が出る。ガードが僕しかいなかった

※1 コンボガード
ポイントガードを補佐する役割も持ったシューティングガード。

のもありますが、『シュントを使った方がいい』と何人かが進言してくれて。その後コーチに呼ばれていきなり『次の試合からスタメンで行くぞ』と」

チームにはトレモントがいる。だから、自分は余計なことはせず、彼が疲れた時は代わりにボールを運ぶなどサポート役に徹する。舵取り役となるポジション柄英語をマスターしていたこと、そして最初からチームメイトに人柄を分かってもらえていたことが功を奏した。

コーチ・ジェフからは「悔しさを受け止めつつ、
次に向けて最大限の準備を」と教わった。
その教えは今に生きる。
撮影／伊藤 亮

「実力というよりは、チームメイトに認められて、コーチの指示を聞くことが評価されて、なんですけど」

とは言うものの、〝試合に出ればD1レベル〟とこだわっていたプレータイム争いでリードしたことは間違いない。

コーチ・ジェフに信頼されていたことも大きかった。

「決定権があるのはコーチで、バスケを教えてくれるのもコーチ。であれば、本人から少しでも多くを得て試合に使ってもらおうとしていた部分はあります。普段からみんな授業の空き時間などにコーチルームを訪れてテレビを見ながら談笑するんですけど、僕もよく行ってました。僕にとってはアメリカのお父さんみたいな存在でした」

コーチ・ジェフは現在ギャノン大学のヘッドコーチになったということで連絡をとる頻度は減ったが、今でもFacebookでつながっている仲である。

自分にだけ届かない大学からのレター

誰もが認める実力の持ち主、トレモント・ウォーターズ。だが同ポジションとして、ただ手をこまねいていただけではない。

「二人で1on1《ワンオンワン》をずっとやってました。最初は僕がなんとか食らいつきたくてお願いしていたんですが、続けていくうちにやつからも声をかけてくれて」

最初はまったく歯が立たなかった。1on1は攻守に分かれて行う1対1のゲーム。ボールを奪うか、外したシュートのボールを取れば攻守が交代する。当初はディフェンス一辺倒だった。トレモントからボールを奪えないし、彼はミスもしなかったからだ。

「でもシーズンが始まる前くらいから、徐々に勝つようにもなってきたんです。思うに、最初はアメリカという新たな環境でメンタルが不安定になったことで思い通りのプレーができていなかった。それが相手のレベルに引き上げられると同時に、英語を覚え地に足がついてきて自分が出せるようになったことで勢いづいたのでは」

トレモントと競り合えるレベルになればD1への進学、そしてその先のNBAに近づける。まさに理想的と言える環境とチームメイトの間で、持ち味の要領の良さも手伝い実力を伸ばしていった。

しかし、ほかのチームメイトには山のように送られてくる大学からの勧誘レターが、村上へは一向に届かない。

「チームメイトにはオファーが来て、シーズン中に大学へ見学に行ったりしてる。自分にもちょっとは話があってもいいのに、なんでだよと。英語も最低限のレベルはクリアしていたのでオファーがあればD1に行けた。それまでの奨学生はバスケットで評価されても英語の評価が厳しかったのに、僕の場合は逆だったのが悔しくて」

　実家には弟も妹もいる。多額の資金を要するアメリカの4年制大学へ進むにはフルスカラシップを勝ち取るしかなかった。それがアメリカで挑戦を続ける際の親との約束だった。

　ショックだったのは、試合や練習を見に来ているスカウトの前で猛アピールしても、見てもらえず、全く活躍していない選手のもとへ彼らが歩み寄っていく姿だった。

「チームメイトに『彼らは何を見に来ているんだ？』と聞いたら『最初から決まっているんだ』と。以来、考え込むようになりました。そもそもスタート地点が違う。チームメイトはサウスケントに来る前から注目されていて、シーズンを通して評価を確定させていく。僕がいくらアピールしたところで、見に来ているスカウトの目的は決まっているんです」

　それでもスカウトを振り向かせるには、強烈なインパクトを与える必要がある。しかし、自分はチームの調整弁としてスタメンになっている。必要以上に出しゃばることがあってはならない。

「めちゃくちゃ速いわけでもシュートが入るわけでもない。上背もない。そんな僕が試合で30点取ろうとすれば試合はめちゃくちゃになる。もっとアピールできたことはあったかもしれないと今でも思いますが、それをしていたら試合に出てないな、と」

シーズンが終了した時点で、Ｄ１の大学から村上へ届いた勧誘レターは、０だった。

後輩の奨学生の言葉が変えた〝その後〟

「ウォーク・オン、いわゆる一般入試での進学も考えたし親にも相談しました。でも経済的負担に加え、バスケもスカウトした選手が優遇されるだろうからベンチにすら入れない可能性が高い。Ｄ２の大学のトライアウトを受けて合格を確信したこともあります。でも直後にその大学のコーチ陣が総入れ替えになって話が立ち消えになってしまった。Ｄ３からは3校くらい話があって、コミュニティカレッジへの進学も考えたのですが、ズルズル引きずりたくなかったので日本への帰国を決めました」

救いだったのは孤独に陥らず、友人とともに時間を過ごせたこと。そしてチームメイトたちからの励ましだった。

「多くの仲間がD1進学を決めた一方で、僕が行けなかったのは決して実力の問題じゃないと言ってくれて。レベル的には絶対にD1で通用するし、負い目を感じて自信をなくすことはまったくない、と断言してくれて。お世辞だったかもしれない。でも、いっしょにやってきた彼らにそう言われたのが救いでした」

それでも、帰国を決めてから卒業までの間は精神状態が不安定になった。常にやるべきことを選択し判断し、100%やり切ってきた。言い訳の余地を0にして、いかなる結果になろうと後悔や未練を残さない。白黒をはっきりさせ、潔く。それはスラムダンク奨学金での1年間でも変わらなかった。なのに……。

「レターが最後まで届かなかった。それまで18年生きてきて、初めて自分ではどうにもならないこともあるんだな、と気づかされた瞬間でした」

自分のなかに後悔、未練はない。でも、〝何か〟が引っかかっている。

「日本で一般受験して大学1年からやり直そうかと。バスケットには区切りをつけて、地元の公立大学に入って教員を目指す。そんな話を親とも進めていました」

　経験したことのない〝何か〟を消化しないまま、一度はこれまで通り潔く挑戦に終止符を打とうとした。

「でも猪狩に『駿斗さん、それでいいんですか？』と言われて。『これだけやってきて、本当はみんなと同じようにＤ１に行けるレベルなんですよ？　なのに辞めるなんておかしいっすよ。バスケ、絶対続けた方がいいっす』って。その言葉に、また考えさせられました」

　経緯は本書の＃６に詳しいが、スラムダンク奨学金第８期生の猪狩渉は、村

同じ東北出身者として
影響を与え合った村上と猪狩(左)。
その後B2リーグで直接対決も実現した。
写真提供／猪狩 渉

上に声をかけられたことで奨学生を目指した。そして見事合格してアメリカに渡ってきた猪狩が目撃したのが、帰国を決めた直後の村上の姿だったのだ。

「アメリカに来いと誘って一大決心させておいて、本人は意気消沈してバスケ辞めるとか言ってる。猪狩からしたらびっくりですよね」

　バスケットは大好きだ。でも今までの自分ならバスケを辞める決断をする。だが今回に限ってそれは正しい判断なのか。

　激しい葛藤の末、ラストチャンスを自分に与えた。

「本当はバスケを続けたいし、アメリカで得たことを形にしたいし、お世話になった井上先生をはじめ奨学金関係者の方々にも恩返しがしたい。そこで帰国するタイミングで地元のパスラボ山形ワイヴァンズ（当時ＮＢＤＬ）[※2]のトライアウトがあることを知って。それだけは受けさせてもらえるよう親にお願いしました。落ちたらバスケはきっぱり諦めると。そして受かったので今の人生があるんですけど。僕が猪狩の人生を、猪狩が僕の人生を、互いに変え合ってますよね（笑）」

※2
NBDL
ナショナル・バスケットボール・デベロップメント・リーグの略で、Bリーグの前身となった団体の一つ、ナショナル・バスケットボール・リーグ（NBL）の下部組織。

「諦めに挑戦したい」

「自分の人生は全部自分が責任を持って切り拓いていく。これがスラムダンク奨学金で学んだことです。アメリカ人は特にですけど、中国、韓国、セルビアの友人もみんなやりたいことが明確で、やるべきことも分かっていました。選手に限らず、交流した人みんなそうだった。ずっと『人と同じことをするな』と言われて育てられてきましたが、特別なことではないんですよね。世界では自分で考えて人生を歩む方が当たり前なんです」

地元の山形に戻った後、日本ではＢリーグが開幕。村上は広島ドラゴンフライズ、ライジングゼファーフクオカとＢ２リーグのチームで評価を上げ、２０２０－２１シーズンからはＢ１リーグの滋賀《しが》レイクスターズ※3にステップアップした。開幕戦ではチームのシーズン初得点を記録するなどチーム最多得点の活躍。Ｂ２からＢ１にレベルが上がって最初の試合でスタメンを飾り、かつ移籍直後からチームを引っ張るパフォーマンスを発揮することは相応の実力と心の強さがなければなしえない。

「Ｂ１でやりたいというのが短期目標としてあって。次はプレータイムを勝ち取っていく。そしてその先、やるからには日本代表を目標にしてやっていく」

※3 滋賀レイクスターズ　現滋賀レイクス。

そして「あと、一つあるのが……」と付け加えた言葉に心の底が見えた。

「いつ引退するか分かりませんが、それまでにもう1回アメリカにリベンジしたい。ＮＢＡ選手になれるとは思っていないですけど、最後に区切りをつけたいな、と」

自分ではどうにもならないこともある。でも、いや、だからこそ今の自分でかつての自分が残した〝わだかまり〟にきっちりケリをつけたい。そうしなければ気が済まない。

「諦めに挑戦したいんです」

村上駿斗のなかでスラムダンク奨学金のタイムアップのブザーは、まだ鳴っていない。

©Passlab Inc.

それから、２０２２年までの村上駿斗

Ｂ２からＢ１へステップアップした滋賀レイクスターズでも、堂々としたパフォーマンスを毎試合披露。残り数秒で決勝のスリーポイントシュートを決める試合もあった。２０２１年に期限付移籍という形で、４シーズンぶりにＢ２のパスラボ山形ワイヴァンズへ復帰。２０２２－２３シーズン前に完全移籍した。完全移籍後は開幕からスタメンに選ばれ続け、試合での貢献度を示す指標ＥＦＦ（Efficiency）も高い数値を残している。プレーもさることながら、山形のアカデミーのメインコーチにもなるなど、地元を意識した積極的な行動も目立つ。

『SLAM DUNK』で好きなキャラクター、シーンは？

山王戦で安西先生が桜木花道に白状するシーンが、何回読んでも泣けます。花道の背中のケガによる異変に気づいていながら、代えたくなかった。すごい信頼関係ですよね。きっと安西先生は花道のことを、選手としてだけでなく人としても好きだったのではないでしょうか。だから成長し、活躍する姿を見ていたかったんだと思います。嫌いだったらこのような判断は絶対しないでしょう。どことなく、サウスケント時代の僕とコーチの関係に似ているかもしれません。

『SLAM DUNK 新装再編版』20巻より

駿斗がアメリカに残らない決断をした時、我々としてもどうにもできなかったことを思い出しました。救いはこのインタビューで、コーチ・ジェファーソンとの関係がポジティブなものだったと知れたことです。Bリーグで躍動する駿斗を見ると、今いる場所を正解にするための努力をずっと続けてきたことがわかります。

（井上）

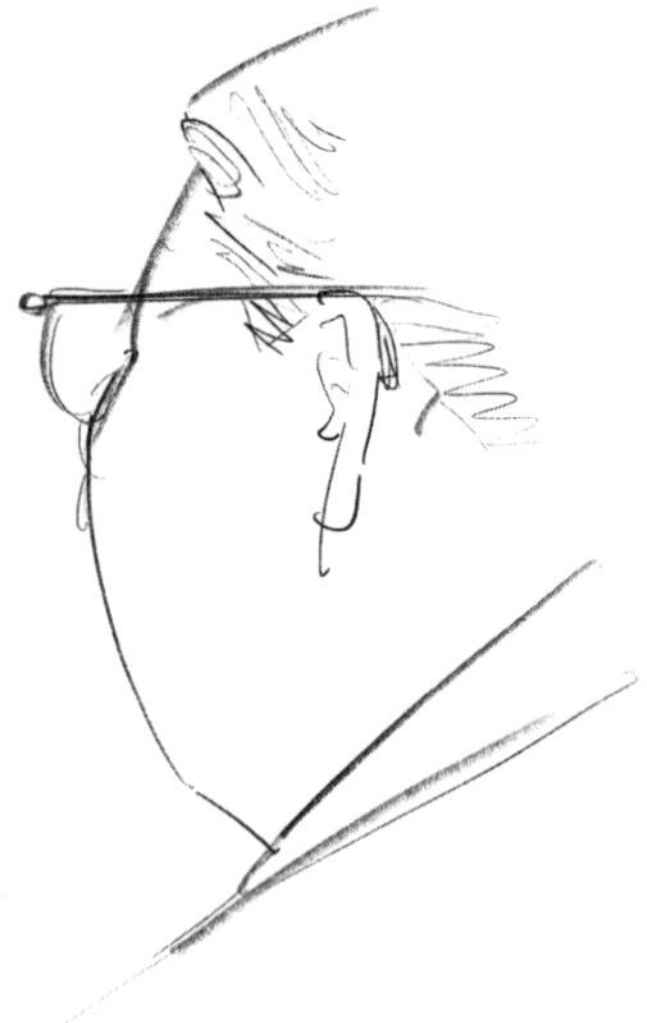

もどかしさを真正面から受け入れる——
言い訳を断固許さない不屈の魂

#10 矢代雪次郎

第3期生

写真は取材当時（2020年10月）のものです。
撮影／伊藤亮

全国的に無名の自分がスラムダンク奨学生になれるとは。
矢代雪次郎の合格は、
その後のスラムダンク奨学金希望者に可能性という光を与えた。
アメリカでは心が折れそうな現実を突きつけられる日々。
それでもしがみつく手がほどけなかったのは、劣等感と反骨心、
そして自分をごまかさない正直な心だった。

矢代雪次郎　やしろ・ゆきじろう

1992年2月15日生まれ、千葉県出身。流通経済大学付属柏高校卒業後、2010年スラムダンク奨学金第3期生として、サウスケントスクールに入学。11年アリゾナウエスタン大学（2年制）に入学、12年にアラン・ハンコック大学（2年制）を経て、14年にベサニー大学（4年制）に編入。帰国後16年に群馬クレインサンダーズ（Bリーグ）に選手兼通訳として入団。以後、17年愛媛オレンジバイキングス（Bリーグ）、19年香川ファイブアローズ（Bリーグ）、20年仙台89ERS（Bリーグ）、21年再び香川で通訳と選手を兼任。22年よりアシスタントジェネラルマネージャーも兼任。ポイントガード、シューティングガード。177cm、79kg。

左手親指の靭帯断裂

　それはシーズン開幕を間近に控えた、2010年9月初頭の朝練習での出来事だった。1対1の練習で、相手は後にNBA入りするモーリス・ハークレス。懸命にディフェンスをしていたが、身長2mの巨体に押しこまれ倒れた。そして思わずコートについた左手を、もつれたハークレスが踏んでしまう。瞬間、親指に激痛が走った。しかし矢代雪次郎は痛みをこらえ、黙って練習を続けた。

「その時は必死だったので。その日の練習をやり終えて、次の日もその翌日も練習したんですが、患部が真っ青になり、しまいにはどす黒くなっちゃって。さすがに『痛い』と報告したら、コーチに『こんなになるまでなんで隠してたんだ。いつやった？』と。『3days ago』くらいの返事はしたと思うんですけど」

　チームドクターに病院へ連れて行ってもらった。結果は左手親指の靭帯断裂。すぐにでも手術が必要となったが、英語が理解できなかった矢代には分からない。

「ドクターに神妙な顔つきで『どんな気分だ？』と聞かれたので『は、なにが？』と聞き返したら『手術』だと。手術は『surgery』と言うんですが、僕は『operation』と思っていたので意味がよく分からず、辞書で調べてやっと理解した。そこからはもう、頭が真っ白でした」

サウスケントスクールの体育館へ帰ると、チームメイトはまだ練習をしていた。彼らの練習を中断させ、チームドクターが報告をする。なにを伝えているか聞き取れなかったが、自分の手術のことを言っているであろうことは空気で感じた。

みんなの前で、泣きに泣いた。

「泣き崩れました。留学期間は14か月。うちバスケのシーズンは9月から翌年3月まで。限られたシーズンの最初の数か月を棒に振ることが決まった。自分よりうまい奴相手に一から頑張ろうと思ってた矢先に出遅れることが決まったことの悔しさをはじめ、いろんな考えが頭をよぎりました」

普段からかってきたり、嘲笑したりする選手も、この時ばかりはやさしい目でハグをして慰めてくれた。もちろんハークレスも。

「その間だけはすごい嬉しかった。アメリカ人てやさしいんだ、と。このチームなら復帰してからも、きっと安心してプレーできるって希望を持てたのが救いでした」

信じてもらえなかった合格

スラムダンク奨学金第1期生は並里成。第2期生は谷口大智と早川ジミー。いずれも世代別日本代表に名を連ねる、同世代の誰もが知るスター選手だ。一方、矢代は全国大会出場の経験はなし。流通《りゅうつう》経済《けいざい》大学《だいがく》付属《ふぞく》柏《かしわ》高校時代は千葉《ちば》県ベスト4が最高成績。正直、自分にとってスラムダンク奨学金は縁遠いものと決めつけていた。

そんな彼の背中を押してくれたのは、両親だった。

「両親とも海外の文化が好きで憧れていて、家でも洋楽ばかり聞いていました。僕や兄貴をインターナショナルスクールに入学させようとしたこともあったらしいです。僕と兄貴が小学校の学童でバスケを始めて、NBAを観てアメリカに行きたいと言った時も反対されませんでしたし」

中学時代にスラムダンク奨学金の設立を知った時は、親と興奮して話した記憶がある。だが高校生になると部活に明け暮れた。目の前の日々に精一杯で将来のことなど考える余裕がない。高校2年の冬、スラムダンク奨学金第3期生の応募締切1週間前になっても、乗り気ではなかった。気にはしていたが、毎日の生活に疲れ切っていた。

「でも母親に『応募は無料だし、受けるのは自由だし、落ちて元々でしょ』と言われて。納得してすぐに知り合いに新人戦のプレーを編集したDVDを作成してもらい、僕はとにかくアメリカへの想いを作文2ページにまとめて。あの時だけは徹夜しました」

小学校6年生の時に、20歳の自分へ手紙を書く機会があった。そこには「アメリカに留学することと、NBAに入ることが夢です。今は絶対にアメリカに行っていると思います」と幼い字で書いた。小学生時からバスケットの延長線上にあったアメリカへの憧れ。その後漠然としたままだったが、この時だけははっきり蘇《よみがえ》った。

とはいえ、奨学生に選ばれる自信はなかった。だから、まさかの合格を知った瞬間を今でも鮮明に憶えている。

「高校3年の春になってすぐ、部活の帰りで仲間と自転車で走っている時に、母親から携帯電話に着信があったんです。母親からはめったに電話がかかってこなかったので、少し驚いて出たら『集英社から電話がかかってきて、合格した』と。それはもうびっくり。その場でいっしょにいた仲間に伝えたら『出た出た、嘘だろ？』って笑われました」

応募したことは周囲の誰にも伝えていなかった。だから合格を誰にも信じてもらえなかった。次の日も、その次の日も。『月刊バスケットボール』で紹介されて、初めて信じてもらえたという。

「めちゃめちゃ嬉しかったですね。進路のことを考えても、付属の大学に進んでもバスケの強豪ではない。他の大学へ行くにも学力もないし実績もなかった。実力のある大学から声はかかっていませんでした。あのまま日本にいたら大学へ進学しなかったかもしれない。大きなターニングポイントでした」

分からないことだらけ

合格通知から留学までの約1年間の時間。その間は、語学学校のアテネ・フランセに通い、ひたすら英語の習得に努めた。

しかし、実際にサウスケントスクールへ入学すると、分からないことだらけだった。英語の発音からして全く違う。

「ラネールっていう名前のチームメイトがいたんですけど、僕が呼ぶとみんなが爆笑するんです。何回言い直しても笑われる。僕はL発音しかできずR発音ができなかった。現地ではこの二つの発音が全く違う。何十回と言ってたら『それが正解だ！』と言われたんですけど、なにが違ってなにが正しいのかも分かりませんでした」

バスケットも戸惑いばかり。ポジションはガードだが、高校まではどちらかというと好き勝手にプレーしていた。

「システマチックなバスケすら知らずにアメリカへ渡ったので、いろんな面で苦労しました。コーチにはガードとしてコールなどを求められましたが、やり方も知らなければ英語もしゃべれない。それなのに結構できると思っている自分がいました。今ならサウスケントのレベルの高さが分かります。でも、当時は単に無知すぎてレベル差を感じ取れなかったのか、感じていたけど感じないようにしていたのか、とにかく気づけていませんでした」

最も恐れたことは、チームから孤立すること。そうならないために、自分から仕掛けて話題を振りまいた。

「日本から持参した甚平《じんべい》をプレゼントしたり、日本語でクリスマスの歌を歌ったり、おかしなダンスをしたり。すごく笑われるんですけど、徐々に『ユキっておもしろいじゃん』とかまってくれるようになって。最初は恥ずかしかったですけど、自ら話題を作ればコミュニケーションがとれる。そのためにはプライドも全部捨ててピエロになろうと」

1年前には、高校の最上級生として後輩を厳しく指導していた。自分からふざけたことなんてなかった。

なのに今はピエロに徹している。しかも、そんな自分が意外と嫌じゃない。

「もう自分の本当の性格も分からなくなっちゃいました。文化も違えば感覚も全然違う。笑われることも新鮮で。日本で後輩に厳しくあたる自分、アメリカでピエロになっている自分。自分のなかにもいろんな面があるんだと」

スラムダンク奨学生の偉大な先輩たちはディビジョン1（D1）の大学に進めるだろうと思っていたが、進めていない。それはバスケットの実力なのか、英語の壁なのか、どちらともなのか。

では、バスケットの実力も劣り、英語も話せない自分はどうすべきなのか。

そんな不安と悩みに挟まれながら、とにかく取り残されないためにもがいた。

そしていよいよ勝負のシーズンが始まる、その直前に待っていたのが大ケガだったのだ。

光明を見出してくれた「ディフェンス」

左手親指の手術から復帰までの記憶は、あまりないという。

「勉強は絶対してたと思うんですけど。あと、まだ公式戦でアメリカの本当のバスケを体験してなかったので試合に出たかった。チームに帯同させてもらってましたが、疎外感はありました。正直、焦っていたと思います。だから余計にふざけて明るくしてたような。チームの輪から取り残されたら戻れなくなる……と必死でした」

　結局、復帰までには3か月を要した。復帰が嬉しくないはずがない。だが、バスケットがプレーできる喜びを噛みしめられたのも、ほんの短い間だけで終わってしまう。

「現実を思い知らされました。ケガの間は希望もあったんです。復帰したらすごく活躍できるかもしれないと。でも実際は通用しない。それはそれで辛いものがありました」

　英語は相変わらず上達しない。バスケットも通用しない。奨学金で留学させてもらっておいて、この先の進路はどうなるのだろう。一難去ってまた一難。いったい、今の自分になにができるのか——。

「必死に考えて、ディフェンスだけはがんばろうと。ディフェンスも能力は必要です。でもオフェンスほど身体能力に頼ることはなく、頑張りだったり、粘りだったりと気持ちでどうにかなる余地がある。そこの可能性にしがみついてました。今思い返しても、ディフェンスで評価してもらって生き残れたんだと思います」

　年が明け2011年、年初の試合で遂に公式戦初出場。コーチ・ジェフの「前からディフェンスを頑張れ」という指示を頑なに守り続けた。実際はPG《ポイントガード》の3番手という位置づけ。チームの調子が良い時ほど出場機会は遠くなる。だが「それでも自分が出ればなにかはできる」感触を得つつあった。

「試合によっては20分ほど出場することもありました。一度、競っている試合で残り1分切ったくらいで出場して、僕のディフェンスからボールを奪ってエースが決めて勝った試合があったんです。自分の手柄というわけではありませんが、ディフェンスの自信を深めた一戦になりました」

　今振り返ると、自分の人生のなかでこの1年間がバスケットの実力を最も伸ばしてくれた期間であったと言い切れる。

「ボールを持っているだけでも大変だったのがサウスケント時代。日本とは違うバスケに対応するだけで精一杯でした。でも、帰国して同級生や先輩のいる大学に練習参加させてもらったら『レベルが全然違うぞ』と驚かれて。たしかに高校時代までとは感覚が全然違ってました。日本に戻っていかに成長したか、初めて分かったんです」

　結局、1年間では英語の成績も伸びず、スカウトから声がかかることもなかった。だが、Ｄ１の大学への進学は諦めなかった。

「１年の留学生活が終わった時、『まだここでやりたい』と本気で思いました。どうにかすればアメリカでプレーできるんじゃないかって。Ｄ１へ行くのに学力もバスケも足りないなら短大でレベルを上げて、２年後に４年制大学へ奨学金で転入すればいい。せっかく１年アメリカに行って終わりにするのはもったいないじゃないですか」

留学早々「奨学金合格から留学までにあった1年間で、
英語もバスケも認められるような準備を
積めなかったのは甘かった」と反省。
さらにケガ——左手の包帯が痛々しい。
撮影／スラムダンク奨学金事務局

反骨心をバネにつかんだスタメン。
アラン・ハンコック大では、1年を練習生として過ごした後、
2年目から公式戦出場。持ち前のディフェンスを評価された。
写真提供／矢代雪次郎

サウスケント卒業後、日本の当時b・jリーグのクラブからオファーもあったが、アメリカでの挑戦続行を決意。自費での活動になるが、息子の選択に親も賛成してくれた。

100校に売り込み4年制大学へ

進学先はスラムダンク奨学金第2期生の二人も進んだ、アリゾナウエスタン大学に決めた。しかし1年でアラン・ハンコック大学へ編入する。

「試合に出場できる機会がほとんどなかったので。あと、先輩をはじめとする日本人が多くいた環境に甘えたくなかったこともあります」

日本人一人の環境には不安もつきまとう。しかし、試合に出るために、さらなる英語力上達のために自らを追い込んだ。

アメリカでは悔しい思いをすることが続いた。アリゾナウエスタン大ではAチーム（1軍）のふがいないディフェンスに怒ったコーチが、

「そんなディフェンスだったらBチーム（2軍）のユキでも得点できるぞ」

と発言したことにショックを受けた。

アラン・ハンコック大も1年目は練習生。アリゾナウエスタン大もアラン・

ハンコック大もともに2年制の短期大学。アメリカの短期大学では合わせて2年間しか公式戦でプレーできない。しかし、矢代の学力では卒業までに3年必要だった。そのため、アラン・ハンコック大での1年目は公式戦出場資格のない練習生として過ごし、卒業見込みが立つ2年目から試合に出る選択をした。

どこか流れに乗り切れない日々が続く。数え切れぬ不平不満があっただろう。それでも、取り乱すことなく粛々と現実を受け入れ続けた。

アラン・ハンコック大ではチームメイト6人でのアパートメントシェア暮らし。頼れる日本人はいない。生活に関わるすべてを自分で行うようになったこの頃から、英語に対する〝息苦しさ〟を感じなくなってきた。そしてアラン・ハンコック大2年目は、シーズン最初からスタメンに抜擢される。

「アメリカで初めてスタメンになれて。その時もディフェンスを評価してもらい、コーチの指示をすぐに実践することで出場機会を得ました。その後パフォーマンスが落ちてスタメンを外されてしまうんですけどね」

卒業が近くなると自らメールとPR用のビデオテープを用意して約100校もの4年制大学に売り込んだ。そのなかで興味を示してくれた複数の大学のうち、最も学費の安かったベサニー大学へ編入することを決めた。

スカラシップを得てのD1入りは叶わなかった。だが、執念で4年制大学に進んだ。

「無名の僕がスラムダンク奨学金に選ばれて恥をかきたくない。バカにされたくない。『結局通用しなかった』と言われたくなかったので絶対4年制大学まで行ってやると。英語もバスケも、力がないことは分かっていました。見返したかった。だから諦めなかったんです」

『あきらめたらそこで試合終了だよ』

劣等感は誰よりも持っている自覚がある。実は、日本トップレベルのスラムダンク奨学生の先輩たちと比べられることを気にしていた。そのことに対する反発心をバネに過ごしたと言ってもいいアメリカでの6年間。そのなかでも最も成長したという1年目に得たものとは。

「自分の無力さを思い知らされました。本当になにもできなかった。英語も、バスケもです。でも対等に見て、同じ人間であるアメリカ人たちはできていた。であれば言い訳はできない。なにもできない自分をどうにかしたかったら、結局、自分で証明するしかないんです」

言い訳を許せば、すぐに楽になれる。だが、自分をごまかせない。不甲斐ない自分を真正面から認めるのは受け入れがたい。しかし、もし受け入れる勇気を持てば自分を変えることができる。

「今もそうです。当時と似ていると感じています。もどかしいですし、恥ずかしいですし、悔しい。情けない。だからどうにか打開しようという思いで毎日やってます」

ベサニー大を卒業後、帰国した矢代はＢリーグチームのトライアウトをいくつも受けた。正直、Ｂ１レベルだと思っていた。しかし、入れたのは当時Ｂ２の群馬クレインサンダーズ。しかも通訳兼任という条件付きだった。その後愛《え》媛《ひめ》オレンジバイキングス、香《か》川《がわ》ファイブアローズと渡り歩き、２０２０年8月からは仙《せん》台《だい》89ＥＲＳに入団するも、ずっと通訳兼任でいる。アメリカで必死に身につけた英語を活用できるのも武器の一つであることは間違いないし、重要な役割であることは重々分かっている。分かってはいるが……。

「本当は選手として契約したい。でもそうならないのは自分の努力不足であり、実力不足。Ｂ２で5年目になりますが、結果さえ出せばどこかで変えられたはずなんです」

サウスケント時代を振り返っても、今について語っても、反省の言葉が多く口から出てきた。しかし、反省であっても後悔ではない。後悔は言い訳を残すが、反省は教訓を残す。矢代雪次郎のなかには今、彼しか経験しえなかった数えきれないほどの教訓が詰まっている。そして苦しみから多くの教訓を得た人間には、生半可なことでは動じない〝根を張った〟強さがある。あとは、その強さがいつ花開くか、だ。

「最近、現実を見始めていて。プロになって5年、29歳になってもなかなか日の目を見られない。センスが本当にないんじゃないか。努力が足りないんじゃないか。毎日思います。ただ、いつ花開くかは分からない。それは今年かもしれないし、次の試合かもしれない。僕はそこに希望を持っていて、なにもできなくなるまで努力しようと。『あきらめたらそこで試合終了』じゃないですか。僕、これまで諦めたことないんです」

雌伏の時は、今なお続いている。

「結果さえ出していれば
どこかで変えられたはず」。
回顧する際も、堂々と正直に。
決して自分をごまかさない。
撮影／伊藤 亮

©KAGAWA FIVE ARROWS

それから、２０２２年までの矢代雪次郎

仙台89ＥＲＳ在籍時、チームはＢ１昇格プレーオフへ進出するも、プレータイムは限られた。２０２１年に香川ファイブアローズへ復帰。通訳兼任でありつつもプレータイムを伸ばした。２０２２－２３シーズンより、アシスタントジェネラルマネージャーも兼任に。自分が満足できる状況には至っていないかもしれない。しかし、諦めないプレースタイルは変わらない。限られた時間でもコートに立てば全力を尽くす姿勢は「ハングリーでタフ」と評価された仙台時代から一貫している。通訳として重宝されるのは、その英語力はもちろんだが、心情やニュアンスを汲み取れる人間性があるからこそだ。

『SLAM DUNK』で好きなキャラクター、シーンは？

小学生の頃は流川が好きでした。でも今、心に刺さるのは木暮《こぐれ》君。3年間がんばってきたのに少ししか試合で使ってもらえない。なのにチームのために献身的で、試合ではちゃんと仕事をする。なんで仕事ができるか。最後まで諦めずに毎日練習してるからですよね。初心者の桜木にスタメンを奪われて、それでも腐らない。かっこいいです。陵南《りょうなん》戦の最後は感動しました。「あいつも3年間がんばってきた男なんだ」ってグッときます。自分も試合に出られないなら通訳としてチームの勝利に貢献できるように、という気持ちがあります。大人になって彼の気持ちがすごくよく分かるというか、学ばされます。

『SLAM DUNK 新装再編版』13巻より

奨学生は皆それぞれに苦労をしたと思いますが、雪次郎は、会いに行ったときに一番喜怒哀楽が溢れてくる選手でした。それだけ大変な思いをしていました。苦労の末にアメリカの大学を卒業したことは、この奨学金の数あるハイライトの一つです。

（井上）

本気がかち合う刺激を求めて
よぎる不安を払拭するために見つめる今

#11

山木泰斗

第6期生

写真は取材当時（2020年11月）のものです。
撮影／伊藤亮

本気のプレーからあふれ出る気迫は強烈だった。
自分をさらけ出してぶつかり合う日々に圧倒された。
しかし、アメリカで味わった身を貫くような刺激こそ、求めていたものだと気づく。
夢までの遠く長い道のりも目の前の一歩から。
誰とでも打ち解けられる朗らかな人柄。その奥にあった山木泰斗の〝芯〟。
それが純粋に100%バスケットボールに打ち込んだ日々から見えてきた。

山木泰斗　やまき・ひろと

1994年9月4日生まれ、山形県出身。中学生時に山形県選抜に選ばれ、地元の強豪・鶴岡工業高校に進学。2013年スラムダンク奨学金第6期生として、サウスケントスクールに入学。14年ウエストバージニア大学の語学コースで英語習得に専念。15年にライカミング大学（4年制）に入学。19年同大学卒業。20年11月パスラボ山形ワイヴァンズと通訳として契約。21年さいたまブロンコス（Bリーグ）の通訳に、22年埼玉LIPLA（3x3 S League）に選手として所属。シューティングガード。188cm、82kg。

ルーティンはコーヒー

「ちょっと忘れ物をしちゃったんで、取ってきていいですか？」

インタビュー冒頭、そう言って自家用車に戻った山木泰斗は、青いタンブラーを手に戻ってきた。椅子に座りながら、ズ……と一口すすって話し出す。

「コーヒーを飲むといい話ができるかなって。アメリカにいた時もプレゼンテーションの前に飲まないとダメで。飲むとすごい集中できるというか、考えがまとまるというか。バスケットボールをする時も、いつもコーヒーを飲んで軽く身体を温めつつ早めに練習に出てシューティングしてました、そういえば」

好みの銘柄はない。苦味などにこだわりもない。ただ、絶対に買って飲まず自分で作る。なにか決まりを作ろうと試行錯誤しているうちに自然にできた習慣だという。

「これ、ルーティンですね。今思えばそうだ。全然意識してませんでした」

周囲からの山木評は、

「ポジティブって言われますし、マイペースって言われますし、人によっては天然って言う人もいます」

「バスケットボール」と競技名を略さず口にする。質問一つ一つに対し、虚空を見つめながら答えを逡巡する。

「なんでバスケットボールが好きになったか……。自分でも思うんです。なんでだろう？　背が高かったのはあると思います。父親も背が高いし潜在的に自分も大きくなるだろうからって……でも……なんだろうな」

必死に探す答えの先には、あっけらかんとした返答もある一方で、突拍子もない答えが待っていたりする。つかみどころがないようでいて、実はつかみどころだらけだったりする。スラムダンク奨学金の第6期生は、独特で興味深い〝間〟の持ち主だった。

質問に対し、虚空を見つめ自問自答する。

「間違いのないように正確な答えを伝えるため」

だが、どこかゆったりとした間に
親しみやすさが漂う。

撮影／伊藤 亮

ホッケー部やサッカー部の選手との手合わせでアジャスト

しかし、この独特の〝間〟が、相対している人間からすると親しみやすさを感じさせるから不思議だ。

「誰とでもスッと会話に持っていけるし、誰とでも近づけるんです。自分で言うのもなんですし、アメリカに行っても気づいていなかったんですが、人との距離を縮めやすいタイプらしいです。これはよく言われることで。もちろん相性はありますが、誰とでも仲良くできる。別に狙ってそうしてるわけではないはず……なんですけど」

この〝親しみやすさ〟が、アメリカでの留学生活の助けになった。

スラムダンク奨学金は第5期生が「該当者なし」という理由で選出されなかった。この1期の空白が、第6期生となった山木にのしかかる。サウスケントスクールへ留学直後は、アメリカの気迫に圧された。

「特に上の代のメンバーは日本人プレイヤーがチームにいなかったので、僕がポッと入ってきた時に〝なんだこいつは?〟って思いますよね。そこでシュートを決めないとボールが回ってこなくなる。相手にされなくなる。そんなこと経験してなかったのでキツかったです」

予想はしていたが、レベルが高い。速い。大きい。少し触れるだけでバランスは崩されるし、リム※1にアタックしても簡単にブロックされる。なにより、いついかなる時も本気。特に奨学生の先輩が不在だった山木にはフォローがなかったぶん、アメリカのバスケットボールを唐突に突き付けられた。

「どの奨学生も同じ感じだったのでしょうが、バスケットボールで留学しているのに認められないのはキツい。葛藤しますよね。日によってですけど、練習終わりとか『ちくしょう』ってなんともやりきれない気持ちになってました」

　幼い頃からテレビで夢中になって見たＮＢＡ。憧れたバスケットの本場・アメリカ。ずっと行きたかったアメリカ。しかし、実際に待っていたのは手荒い洗礼だった。

「最初は〝これが、俺が行きたがっていたアメリカか……〟と愕然《がくぜん》としました。思っていた以上に強烈で圧倒されましたね。圧倒されました。言葉も、バスケットボールも、とりあえず圧倒されました」

「圧倒」という言葉を3回繰り返すところに実感がこもる。しかし、圧倒されっぱなしで終われない。「立ち向かわないといけない。そのためになにをなすべきか」。考えた末に出した結論は、

「ワークハーダーしかない。あと、アジャストしようと」

※1 リム
ゴールのリング部分のこと。フープとも言う。

誰よりも早く体育館に入りシューティングする。と同時に意識したのが〝1on1〟だ。

「チームメイトでもいいし、バスケットボールをしているやつなら誰でもいい。1対1、2対2をしようと。アメリカ人のプレースタイルは、あまりにも違いすぎました。背は高い、腕は長い、身体は強い……そんな彼らにアジャストしなきゃいけない。そのために英語もまだ話せませんでしたが、とにかく誘っては勝負してました」

驚かされたのは、バスケット部ではない人でも、勝負するととんでもなく上手かったことだ。最初のうちはサッカー部の選手にも1対1で負けた。

「体育館にいるやつをつかまえるんですけど、ホッケー部やサッカー部の連中なんですよ。なのに上手い。なんでバスケットボール部に入らないのか？と疑問に思ったほどです。だから、誰とやってもすごくいい練習になる。おかげさまでフィジカルに慣れて、チェックの素早さや高さにも慣れて、黒人特有のリズムにも対応できるようになりました」

特別なことをしたつもりはない。みんながやっていたことに自分も倣っただけ。しかし、英語が話せなくとも気さくに声をかけ、誰とでもバスケットができたのは本人の人柄もあっただろう。

「1対1、2対2でできたことを練習でも試す。それを繰り返しているうちに通用する感覚が得られてきて、チームメイトにも名前で呼ばれるようになって。僕が一番感じたのは、バスケットボールが違うということ。誰もが上手いし、誰とでもできる。でも、これぞアメリカというか。これこそ僕が憧れていたアメリカのバスケットボールだったんです」

〝生きてる〟感覚を求めて

山形県酒田《さかた》市出身。父親がバスケット経験者。姉もバスケットをしていた流れで、小学校3年から始めた。低学年の頃から、父親の横でNBAや海外放送を見てアメリカへの夢を膨らませてきた。一方で、水泳も習っていたし、野球も父親に教えられた。チームに所属はしないまでも、サッカーやバレーボールも友だちとよくやった。その中で、なぜバスケットを選んだのか？　長い逡巡の末に出した答えは、

「どんな形でもいいので得点するのが特別なモーメントだったというか。あともう一つあるのは、あの勝負している感じ。たかがバスケットボールなんですけど、本気同士で削り合う、瞬間瞬間に集中できるところに〝生きてる〟感覚

を得られるんです」

中学時代で身長は１８０cm台に。長身をかわれてセンター、フォワードとして県選抜にも選ばれた。高校は地元の強豪校・鶴岡《つるおか》工業《こうぎょう》へ。全国大会の経験はない。

スラムダンク奨学金のことは最初から知っていた。出会いは『週刊少年ジャンプ』。そこで第1期生の並里成の記事を読んで「行けたらいいなあ」と幼心に興味が湧いた。その後も頭の片隅に奨学金の存在を置きつつ迎えた高校2年の冬、スランプに見舞われる。

「1〜2年生の時はバリバリでスタメンだったんですけど、2年生後半から調子を落として、自分のやりたいことができなくて不満を持ってたんです。進路を考えるタイミングでスランプになり、なんというか……言うのであれば、世の中の人のあり方に疑問を持っていたというか。それもあってスラムダンク奨学金に応募したんですけど」

アメリカへの挑戦に親も賛成してくれた。書類をダウンロードし、プレービデオを父親に撮影してもらった。「当たって砕けろ」のつもりが、書類審査で合格。トライアウトで渡米したのが、人生初のアメリカだった。

「トライアウトでは自分を出せました。ゾーンに入ってましたもん。ジャンプシュート[※2]をフェードアウェー[※3]で決めたとか、スリーポイントをどの角度から決めたとか、今でもよく憶えています。プレイヤーにはあるんですよ、〝あ、今日来てる〟と分かる日が。この時は、現地の人とプレーできる楽しみと、相手が強そうだという緊張感がいい感じに混ざって最高の精神状態になったのではないですかね。だから合格の手ごたえはありました」

　帰国後、合格は部活帰りに父親からの連絡で知った。手ごたえは感じていたが、合格の瞬間は全身の力がすっと抜ける感覚をおぼえたという。

「ん？　ほんとか？　と半信半疑で。でも、携帯を見たら受かったみたいなことになっている。周りにいた仲間たちから『すげっ』って拍手もらって。自信になったかというと……たまたまトライアウトの時に実力が出せただけで、運もあったのかなと。アメリカで自分のプレーができた点は自信になりましたけど、合格後も高校では、自分の中ではあまりよくなかったかな。うん、よくはなかったですね」

　日本で、特に高校生活の後半は、どこか不完全燃焼だったかもしれない。

「なにかが違う。ぎくしゃくしている。環境を変えて新たなことを学んでみたい」と考えるようになっていた。そんな18歳の青年に、アメリカはこれでもかというほどの刺激を用意してくれていた。

※2
ジャンプシュート
止まった状態からジャンプし最高到達点でボールを放つシュート。

※3
フェードアウェー
後方にのけぞるようにジャンプしながらボールを放つこと。

アメリカのバスケットと「Same Page」するために

アメリカで圧倒された理由。それは「いついかなる時も本気」であったことに尽きる。

「自分もバスケットボールになれば感情を出す時はあります。でも、それは日本人目線であって、アメリカでは当たり前のこと。日本だと周囲に合わせたり、譲り合うことの方が多い。それでいい面もあります。が、みんなが協調するとどこかふわっとした感じになる。なあなあといいますか。アメリカでは一人一人が本気なのがスタンダード。毎日本気でぶつかり合うことで成長を実感する。そして、みんなが本気でぶつかり合っていてもチームが一つになる。そこが見習うべきところです。自分をさらけ出して、遠慮しないですべて出して見えるものがある。それがいいんです、単純にいいんです」

実際、アジャストしだしてからは成長を肌で感じることができたし、自分のプレーが通用する感触も得た。なにより、高校時代に陥った自分を抑え疑問を抱きながらのプレーではなく、自分をそのままさらけ出すバスケットは「生きている感じ」を直に感じられて心地よかっただろう。雑念を排し、ただただバスケットに集中してみたい。もし山木が日本でそう望んでいたのだとしたら、アメリカは厳しさも含めてまさにうってつけの、希望通りの環境だった。

　しかし、シーズンに入るとプレータイムはもらえたりもらえなかったり。シーズン開幕直前に癖となっていた右肩を脱臼してしまったこともある。しかし、理由はケガよりも他にあると考えた。

「ケガがあろうがなかろうが、いい選手はいいプレーをしますから脱臼は言い訳にならない。むしろ問題はコミュニケーションでした。アメリカのバスケットボールはセットプレーが多くて、どの場面ではどう動く、という型がたくさん決められているんです。それを『Same Page』と言って同じページ、つまり全員が同じイメージを共有する。でも、僕はいつも2ページくらい遅れて追いかけていた感じ。ついていくのに精一杯でした」

　コーチ・ジェフには「お前はバスケをする前に英語を求めろ」とよく言われた。誰とでも仲良くできる人柄で人間関係には問題ない。意思疎通ならできる。コーチとの関係も良好だった。アシスタントコーチだったモース・ウィリアムは、今も「コロナ禍が過ぎたら遊びにおいで」と誘ってくれる。一方で、細かな戦術面のすり合わせにはどうしても一定の英語力が必要だった。

「練習中も試合中も会話がとにかく速いんです。自分はゆっくりしゃべってもらわないと分からないので、そのたびに『え？　ん？』と戸惑ってしまう。英語のスピードについていけませんでした」

もともと英語は、興味はあるものの熱心ではなかった。渡米してすぐ、TOEFLを受けて力試しをした。大学に進学できるラインは120点中60点。しかし初めてのトライでは「20点いくかいかないか」。スラムダンク奨学金に合格してから1年の間は家庭教師をつけて英会話を習っていたが、現実は厳しかった。

「授業も大変……でしたね。言っていることが聞き取れず、ずっと先生の発した言葉を心の中でリピートするマンブリングをしてました。今思えば効果はあったと思いますが」

結局、サウスケントスクール留学後半でもTOEFLのスコアは40点にとどまる。ディビジョンⅢ（D3）の複数の大学から声がかかったが、進学するには英語の結果が必要だった。

「卒業が近くなっても、まだアメリカにいたい気持ちが強くありました。家族も後押ししてくれて。そこで、右肩の脱臼癖を治す手術をしつつ、復帰までの間を英語に注力するためにウエストバージニア大に進むことにしたんです」

奨学金事務局や日本人の知人の勧めもありウエストバージニア大学へ。一度バスケットボールから距離を置き、英語の勉強に集中した。そして2学期には

ＴＯＥＦＬで合格ラインの60点を突破。サウスケント時代にスカウトされていた複数の大学のうち、アシスタントコーチも勧めていたライカミング大学へ、翌年から半額の奨学金を得て進むことになった。

ライカミング大の4年間で感じた変化と成長

ペンシルベニア州にあるライカミング大で日本人は一人。それでも、バスケットを封じた1年間の鬱憤《うっぷん》を晴らすかのように、1年からガードとして試合に出た。ライカミング大はＤ3とはいえ強豪校。山木が1、2年時にはリーグ優勝も果たし、1年の時はＮＣＡＡトーナメントまで出場している。

「チームメイトのレベルも高くて、必死についていったのが1年生。2、3年生の時にだいぶ対等にできるようになって、4年生の時は最上級生としてチームを引っ張りながら試合に出ていた感じです」

サウスケント時代から課題だったコミュニケーションは、大学でもついて回った。しかし、年次が上がり、試合経験が蓄積されていくとともに行動は変わっていった。

忘れられない試合がある。２０１８年11月20日のサスケハナ大学戦。この試合に向けた練習ではフォーメーションが崩れ、自分も勘違いからミスをし、チームは「Same Page」とは言えない状態にあった。そして山木は調子の良さを感じていたにもかかわらず、コーチから「外れろ」と言われてしまう。このことに納得がいかず、練習後コーチのオフィスへ直行した。

「自分が間違っていたところとコーチのやりたかったところを確認して、メモを取って、ボードに描きながらさらに確認して。それを翌日の練習で下級生に伝えてチーム練習が上手くいったんです。そして迎えたサスケハナ大戦でコーチに『ヒロ、行け』と言われて。試合はたしか敗れたんですが、そこで活躍できた時に〝俺、成長したな〟と」

サウスケントスクールで1年、ウエストバージニア大学で1年、ライカミング大学で4年。計6年のアメリカ生活のなかで最も変化と成長を感じられたのが、ライカミング大学の4年間だったという。

ケガを治し、英語もクリアし、本当にバスケット漬けになれた4年間。ライカミング大では「シニアゲーム」と呼ばれる4年生の引退試合があった。その試合前にはコートでセレモニーが行われ、花束を渡され記念撮影をするなどして卒業する4年生たちを祝福する。その最後の試合で撮影されたプレー写真は今、酒田市の実家の部屋に額に入れて飾られている。もしなにかで行き詰まりを感じることがあっても、当時の空間と時間をいつでも取り戻せるように。それほどまでにこの4年間は、アメリカでやりたかったこと、バスケットでやりたかったことを実現できたという意味で、自分史に深く刻まれているようだ。

サウスケント時代、ピックアップゲーム中に
スカウトしてきたライカミング大。
日本人一人の境遇でも4年間で中心選手に。
写真提供／山木泰斗

（写真右）手作りコーヒーを入れる使い込まれたタンブラー。
現在はアメリカで使っていたものとは別のものを使用。
（写真左）自宅に飾ってある「シニアゲーム」の写真。
思い入れの強い1枚だ。
撮影／伊藤 亮

今を一生懸命生きる

ポジティブでマイペースでたまに天然……周囲からはそう見られる。だがその実、本人は考え込んでしまうところがあるという。

「壁に当たって葛藤して、内向的になってしまうのも分かります。自分もアメリカで上手くいかなかった時はサッカーの本《ほん》田《だ》圭佑《けいすけ》のドキュメントをずっと見てました。自分と同じように海外に挑戦している人のことを見て希望をもらっていたというか。自分を慰めるツールとしてよく見ていたのを思い出します」

２０１９年5月、ライカミング大学を卒業した山木は、故郷に戻った。そしてホームセンターなどで日払いのアルバイトをしつつ、クラブチームでバスケットを続けていた。アメリカにいる頃から、日本のBリーグのチームに誘われてはいた。だが、大学4年時に痛めた左肩の手術に、新型コロナウイルス感染拡大の影響が重なり、事態は変わった。

「大学の時に、今度は左肩を二度ほど脱臼して。それで調子がくるい、違和感も出てきて相手とコンタクトするのに不安を覚えるようになりました。もしこの先日本でプロになるのなら、今のうちに手術しておいた方がいいだろうという判断で。現在、状態はよくなったのですが、チームとの契約まではなかなかたどり着けず……」

取材時点では、まだBリーグのチームとの契約に至っていなかった。焦りがないと言ったら嘘になる。ついつい不安が頭をよぎる。だが、そのたびに思い直すことがあった。

「これが現実ですから。アメリカの時も同じような状況は散々あったので、今もその一つととらえています。とにかく、今できることをやろうと心がけて。今を受け止めて毎日できることを探してやり続けるだけです」

「今を一生懸命生きること」。これがスラムダンク奨学金から始まったアメリカ生活6年で学んだ教訓だ。

「サウスケントに行って、日本では通用したものがまったく通用しなかった。そこでどうすればいいのか。精一杯試行錯誤して、少しずつ工夫を加えて行動に移す。それで失敗、成功したことを踏まえてまた次を見つけていく。何度もその繰り返しで今の自分があるんです。アメリカでは毎日〝今できることをやれ〟と自分に言い聞かせてました。ネガティブになった時、それでもなにかを得て、どのように結果が出る形に結び付けられるよう〝今〟を変えられるか。ついつい将来を考えたりするのですが、そうじゃないと戒めてます。今、なにかを積み重ねてその先、1年後の自分につなげていこう、と」

アウトサイドからはスリーポイントシュートを狙う一方、果敢にリムアタック[※4]してシュートかパスでディフェンスのリズムを崩すプレースタイル。アメリカではコーチに「ファーストステップが速い」と評価されたように、脚力には自信がある。アメリカで相対したのは巨体かつ身体能力の高い選手ばかり。彼らを相手にリムアタックするには当初勇気が必要だったが、必死に観察して自分のできる範囲に落とし込んで身に付けた。

「人と話す時はきちんと伝えようと丁寧になりますが、バスケットボールをする時は割り切っているので。ちょっと感情が入るかな」

アメリカ仕込みのスピードあふれるリムアタック。本気の山木泰斗のプレーは、日本でどう映るのか。２０２０年11月、Ｂ２のパスラボ山形ワイヴァンズに通訳として契約した。ここから選手契約を目指し、山木泰斗の一生懸命な今は続く。

※4
リムアタック
ドリブルでゴールを目指して切り込んでいくこと。

写真提供／山木泰斗

それから、2022年までの山木泰斗

地元のB2パスラボ山形ワイヴァンズへ通訳として入団も、選手契約には至らず。その後、2021年にB3のさいたまブロンコスへ。こちらも通訳のまま契約終了。プレーできる場を求めた末、2022年からは3人制バスケットボールの新リーグ「3x3 S League《スリーエックススリーエスリーグ》」の埼玉LIPLA《リプラ》へ。武器であるファーストステップの速さが活きる競技で、つけている背番号は11。留学時にライカミング大学でつけていたものとも、好きなキャラクターである流川楓《かえで》とも同じだ。先を見すぎず、焦らず、今できるベストのことを探し遂行していく。その歩みは、2022年になっても変わってはいない。

『SLAM DUNK』で好きなキャラクター、シーンは？

好きなキャラクターは流川楓です。冷静で淡々と、でも華麗にゴールを決めるところに憧れるんです。しかもスリーポイントからダンクから全部決める。ウキウキしてきますね。特にダンクは僕からするとダントツでかっこいい。幼い頃からNBAを見て育ってきたので、「バスケットボールプレイヤーとしてダンクができたらかっこいいな」とずっと憧れていました。その点も含めて、華があるプレイヤーはやはり惹き付けられます。自分にとって流川は目指すべきプレイヤーの理想像です。

『SLAM DUNK 新装再編版』13巻より

タイミングが合わず、彼のアメリカでの6年間、現地でのプレーを一度も見ることができなかったのがずっと心残りでしたが、帰国時に会うとその度に自信をつけ、和み系キャラなりにアメリカナイズされてもいて、現地での奮闘を想像し頼もしさを覚えていました。安易に周りに流されない独立独歩の気概を備えていると感じます。

（井上）

成り上がりのメンタリティ
うまくなりたい気持ちに突き動かされて

#12

木村圭吾

第12期生

いつでも、活躍できる場より成長できる環境を選んできた。
自分よりうまい人たちといっしょに練習できることにワクワクした。
もっとうまくなって、まわりに認めさせたい。
その思いの先には、自然とアメリカがあった。
決して楽しいことばかりではないが、
選んできた道への後悔はない。

写真は取材当時（2021年1月）のものです。
撮影／和田篤志

木村圭吾　きむら・けいご

2000年11月8日生まれ、東京都出身。実践学園中学校3年時に全国大会優勝。八王子学園八王子高校に進学し3年時に出場したウインターカップで1試合平均41.3得点を記録し、ベスト16に。2019年スラムダンク奨学金第12期生として、セントトーマスモア校に入学。20年コネチカット州セントジョセフ大学に進学するが21年に帰国し、新潟アルビレックスBB（Bリーグ）に加入。シューティングガード。188cm、82kg。

やつらが無視できないぐらいうまくなれ。

「僕、この言葉が大好きで……」

そう言いながら、木村圭吾が差し出したスマホの待ち受け画面には、こんな英語の文章があった。

〝BE SO GOOD THEY CAN'T IGNORE YOU.〟

——やつらが無視できないぐらいうまくなれ。

木村がシューターとしても、人としても尊敬するＮＢＡ選手、デイミアン・リラード（ポートランド・トレイルブレイザーズ）が、数年前、ＮＢＡオールスターに選ばれず悔しい思いをしたときにＳＮＳに投稿した言葉だ。リラードは大学に入った頃は無名に近かったが、少しずつまわりに実力を認めさせ、今ではＮＢＡオールスターの常連にまでなった選手だ。そんな成り上がりのメンタリティに、木村は憧れていた。

「僕とちょっと似ているかなって。僕も中学や高校のときに日本代表に１回も入ったことがなくて。でも、自分ではそのレベルにいると思うんですよね」

訥々《とつとつ》とした口調だが、語っている中身は熱い。

「アメリカでプレーしていても、八村塁さんとか渡邊《わたなべ》雄太《ゆうた》さん※1（トロント・ラプターズ）、テーブス海《かい》さん※2（元ノースカロライナ大学ウィルミントン校・宇都宮ブレックス）ぐらい活躍しないと誰も注目してくれないじゃないですか。『木村圭吾ってそういえばいたな』みたいな感じになっちゃう。だからリラードみたいに『みんなが無視できないぐらいにうまくなりたい』って。そういう

デイミアン・リラードは、異次元のシュート力に加え、
メンタルの強さでも憧れの存在。
彼の言葉を待ち受け画面にしている。

※1
渡邊雄太
2022年現在ブルックリン・ネッツ所属。

※2
テーブス海
2022年現在滋賀レイクス所属。

メンタルが好き。有言実行しているところも大好きです」

木村は、リラードの言葉を知るよりずっと前から「うまくなりたい」という気持ちに突き動かされてきた。中学も高校も、アメリカへの留学も、そして大学の進学先も、岐路にたつたびに、自分がうまくなれるかどうかを基準に決めてきた。

バスケットボールを始めたのは母の影響だった。三重《みえ》県出身の母はバスケ経験者で、教師になるために実業団には進まなかったものの、高校時代には国体の選手にも選ばれたほどの実力だったらしい。そのため、子どもの頃からいつも身近にバスケットボールがあった。母が買いそろえた漫画『SLAM DUNK』も愛読書だった。

「始めたときから、バスケは大好きでした」

ミニバスの頃から、ただプレーするだけでなく、家族で映像を見て「反省会のようなもの」もやっていた。NBAもよく見ていて、好きな選手のプレーを真似したりもしていた。その頃から漠然と、バスケットボールの本場、アメリカへの憧れが芽生えていた。

「アメリカに行きたい気持ちになったのも、家族がバスケをそばに置いておいてくれたからというのもありますね」

中学は、東京1位の実践学園《じっせんがくえん》中学を選んだ。家から遠く、朝練のために毎朝5時に起きなくてはいけなかったが、それでも、ミニバス時代に見て知ったレベルの高い選手たちが集まってきた環境に惹かれた。1年の頃は基礎トレーニングばかり。寒い冬でも屋上にある吹きさらしのコートでの練習が大半だったが、たまにAチームに呼ばれて上級生に混じって5対5をすると、刺激的で、楽しくてしかたなかった。

「こんなにうまい人たちがいるんだ、みたいな感じでした」

2年、3年と進むにつれて、木村も少しずつ試合に出られるようになった。ミニバスのときはチームのポイントゲッターだったが、中学ではそれほど点を取った覚えがない。その中で、最も活躍した試合として記憶に残っているのが3年の全国大会決勝だった。

「すごく競っていた試合で、よくシュートが決まっていた。最終的に2点差で勝ったんですけれど、何回も逆転シュートとか、同点シュートとかを決めて。チームメイトの一人が13点、僕ともう一人が12点で、点数としてはそんなに多くないんですけれど、重要なところで決めることができました」

中学最後の試合で、自分が活躍して全国優勝。これ以上ない最高の締めくくりのはずだったが、実は、全国優勝したことにはそこまで感慨はなかったという。

「みんな泣いていたんですけれど、僕だけ普通に『勝ったな』という感じ（笑）。もちろん優勝したいと思ってやっていたんですけれど、そこまではこだわっていなかったんです」

この年の実践学園は公式戦では負けなしの全勝。チームメイトに実力のある選手がたくさんいたので、自分の調子が良くても悪くても関係なく、勝つことが当たり前だったのだ。

「だから勝敗よりも、自分がうまくなりたかった。1試合1試合で学べたかどうかを意識していましたね」

スリーポイントの威力

バスケがうまい人といっしょにやりたいという思いの延長線上に、はっきりとアメリカが見えてきたのはこの頃だった。小学生の頃からぼんやりと考えていたアメリカ行きの夢が、中学で全国優勝して、もっと確かなものになった。

「小学校のときから将来アメリカに行きたいと思っていたけれど、あの頃はあまり自信がなかったんですよね。自分が全国で通用するなんて思わなかったですし。でも中学で全国大会を戦って、対戦した相手の中によく知られたスター選手たちもいて、全国レベルでも通用するんじゃないかと思えた。それで、『アメリカはどんな感じなんだろう』と考え始め、その思いが強くなっていきました」

しかし調べてみると、高校からアメリカに行くのは簡単なことではなかった。この頃、日本人で高校からアメリカに留学していた選手としては富樫《とがし》勇樹《ゆうき》（千葉ジェッツ）が有名だったので、彼が留学していたモントロスクリスチャン校のことも調べた。しかし授業料が高額で、奨学金がないと難しそうだった。

「それに、行きたい気持ちはあったんですけれど、自分的にまだ準備ができていないと思った」

そこで、アメリカに行く準備の一環として、地元に近い八王子《はちおうじ》学園《がくえん》八王子《はちおうじ》高校への進学を決めた。毎年、セネガルなどからの留学生選手を受け入れているチームだということが決め手になった。毎日、身長や運動能力の高い留学生相手に練習できれば、将来アメリカに行くときの準備になる。

八王子高校では1年のときから試合に出ることができた。中学より一つレベルが高い世界で、試合に出ると、対戦相手もうまい人たちばかり。

「1年のときはあまり活躍できなかったんですけれど、試合に出れて嬉しかったし、楽しかったです」

　高校に入る前に見たウインターカップの試合で憧れた選手がいた。当時八王子高校3年だった多田《ただ》武史《たけし》（秋田ノーザンハピネッツ）。八村塁率いる仙台の明成《めいせい》高校と対戦した試合で、スリーポイントラインの1mぐらい後ろから次々とスリーポイントシュートを決め、大差がついていた試合を僅差まで追い上げていたのが強く印象に残った。

「多田さんのおかげで、僕もスリーポイントを頑張ろうと思えた。中学のときは全然スリーポイントを打っていなかったんです。高校の先生から『お前はシューターになるから』って言われても、『シューター？』っていう感じだったんですけれど、あれでスリーポイントの威力を知った」

　こうして木村は、高校3年間でシューターとして頭角を現すようになった。3年のときには公式戦で1試合9本のスリーポイントを決めたこともあったほどだ。そのシュート力が、アメリカに渡ってからも武器になった。

『その1・5秒をお前は頑張れない』

　スラムダンク奨学金のことは小学生の頃から知っていた。高校留学に使えないのがもどかしかったぐらいだったので、自分の学年が対象になると、迷わずに応募した。

書類選考で選ばれて行った初アメリカでのトライアウトはあまり力を出し切れなかった。シュートだけ打っているときはよく決まっていたのだが、ピックアップゲームではシュートチャンスは作ってもらったのに、思うように決められなかった。アメリカ人の選手たちから声をかけられても、何を言われているのかまったくわからなかった。

合格できるという自信はなかった。「半分半分ぐらいな感じでしたね」と木村。受からなくても、別の方法でアメリカに行こうと覚悟を決めた。

それだけに、合格の通知が来たときは嬉しかった。

「学校でテスト勉強していたらお母さんからLINEが来て、受かったよって。いっしょにいた友達に抱きついたりして（笑）」

留学先のセントトーマスモアスクール（STM）に到着した日の夜は、時差ぼけと興奮で一睡もできなかった。少しでも早く朝練に行きたくて、朝5時に、寮で隣だった第11期生のホール百音アレックスの部屋のドアをノックして起こし、体育館に連れていってもらった。そこには思い描いていたアメリカらしい光景があった。

「体育館には一人先客がいて、めっちゃ大音量でイケイケの曲がスピーカーからガンガン流れていて、ノリノリで練習していたんです。日本では音楽かけて練習とかしないじゃないですか。おぉ、アメリカだ、という感じでした」と笑う。

　何より嬉しかったのは、チームメイトたちが大きくて、運動能力が高かったこと。うまい人といっしょにやることが何より好きな木村にとっては天国だった。

「みんな僕よりもでかくて速い人ばっかだった。試合だけでなく、毎日の練習が全部刺激的でしたね」

　もっとも、楽しいことばかりではなかった。たとえば、夏の終わりに行ったキャンプでは、ほとんどボールを触ることもできないという経験をした。参加していたのは、NCAAディビジョンI（D1）の大学への進学が決まっている選手が大半だった。まだ英語での会話もままならないのに、知らない選手ばかりで、レベルも高い中に放り込まれた木村には、パスもまわってこなかった。たまにまわってきたときにシュートを外すと、さらにボールは来なくなった。話に聞いていたアメリカの洗礼だ。その前、夏の大半を過ごしたIMGアカデミーでD1の選手やアメリカU17代表選手と1対1をして自信をつけた後だっただけに、よけいに落ち込んだ。

「『俺、アメリカにいるわ』『パス来ねえんだ』っていう感じでしたね。ＳＴＭではガチのトラッシュトークはあまりされたことなかったんですけれど、そこではいきなり『ゴー・ホーム』とか言われて」

それでも気持ちを切らさずに頑張ったことで、キャンプの最後にはＭＩＰ（最も成長した選手）のアワードをもらった。

ＳＴＭに戻ると、パスが来ないということはなかったが、別の課題が待ち受けていた。日本でやっていたのと同じやり方では通用しないことがいくつかあったのだ。

ヘッドコーチのジェリー・クインは、ふだんはとてもきさくで優しい一方で、練習中や試合中はよく怒るコーチだ。そのコーチ・クインから怒られたことの一つは、シュートセレクション。八王子高校ではチームの中心選手だったので、ディフェンスから厳しくマークされた難しい状況でもシュートを打ってきた。そういう中でもシュートを決められるという自信もあったし、最初の数本が決まらなくても、打ち続ける中で調子を上げていくだけの自由も与えられていた。

しかしＳＴＭでの木村は控え選手で、出場時間も限られていた。それでいて、シューターという役割だったので、数少ないシュートチャンスで確実に決めることを求められた。

「ジェリー・クインHC《ヘッドコーチ》からはよく『無理なシュートを打つな』と怒られていました。タフショット（難しいシュート）を打っていたら顔を真っ赤にして怒られました。シューターなので、試合に出るとすぐ僕がシュートを打つためのフォーメーションをやることがあったんですけれど、1本目で決めないといけないプレッシャーもありましたね」

高校時代から磨いてきたシュート力は、アメリカに出てからも最大の武器。セントトーマスモアでもシューターとして起用され、シーズン通してスリーポイントシュートを41%、フリースローを90%の高確率で決めた。
撮影／Charles Milikin Jr

日本にいるときとは違う役割を担うこと自体は受け入れていたが、それに慣れることは簡単ではなかった。

　ましてや、マッチアップする相手は自分より10㎝ぐらい長身の選手。日本の選手に比べて手も長く、運動能力も高い。そんな選手がブロックに跳んでくる。ブロックされないようにシュートリリースを工夫する必要もあった。

「僕は小さいし、リバウンドを取れるわけでもなかったし、シュートを決めないとコートでの存在意義がないじゃないですか。シューターとして限られた時間で点を取ることを求められていた。結局、それにはシーズンが終わるまでアジャストできませんでした」と認める。

「後悔はしていないんですけれど、不完全燃焼でしたね。課題を見つけたけれど克服できなかったたっていうのが一番悔しいです」

「全力を出していない」と怒られることもあった。日本ではまわりに比べて身長が高く、必死に頑張らなくても活躍することはそれほど難しいことではなかった。しかしアメリカでは、それは通用しなかった。どこかで手を抜いていると、コーチ・クインに見透かされ、練習の前や後に注意されることも度々だった。

「例えば、28秒で走らなくてはいけないランがあったとして、コーチ・クインに『100%でやればお前は26秒で入れるのに、いつも27・5で入る。その1・5秒をお前は頑張れない』みたいな感じで怒られました。あと『お前がちゃんと頑張れば、今、5校ぐらいからスカラシップをもらっている』とも言われました」

指摘されたことは確かに当たっていた。それでも、最初は怒られることに納得がいかなかった。28秒以内で入っていたし、D1からスカラシップをもらっているような選手が、自分よりもっとぎりぎりの時間で走っていた。それなのに自分だけが怒られることを理不尽に思っていた。

しかし、毎回怒られているうちに、少しずつその理由がわかってきた。

「アメリカだと僕は身長が低いほうで、小さいのに頑張らないで活躍している選手はいないじゃないですか。そういう頑張りで差をつけないといけないんだと気づいたんです」

最近、よく見ているNBA選手がいる。ミルウォーキー・バックスのブリン・フォーブス[※3]。ドラフト外からNBA入りして5年目の選手だ。有名な選手ではないし、派手なプレーをするわけではないが、身長が自分と同じくらいで、シュートフォームも似ていると言われ、意識して見るようになった。

「僕と何が違うかなと思ったら、シュートの確率はもちろん違うんですけれど、

※3
ブリン・フォーブス
2022年現在ミネソタ・ティンバーウルブズ所属。

それでも、それは追いつけるレベルにあると思うんです。ただ、それ以外の面がもっと違う。ダンクができるし、スピードも違う。それに、細かいところを本当に頑張るんですよね。コーナーまでちゃんと走っているし、スクリーンをもらう前にちゃんと逆側にフェイクしてからもらいに行っているとか、相手がすぐ下がったら打てるとか。シュートの技術云々以外の、シュートに行くまでの技術とか、そういうところが本当に違うとわかりました」

日本にいたときには、考えたこともなかった部分だった。動画サイトでアメリカ人選手のプレーはよく見ていたが、トリッキーなドリブルワークを見て真似したり、派手な部分ばかり目がいっていた。そうでなく、細かなところまで手を抜かないところに目がいくようになったのは、それだけでも成長の証だった。

自分一人で考え、乗り越える方法

２０２０年3月、アメリカでも新型コロナウイルス感染が拡大したことで、予定より2か月早くスラムダンク奨学金の期間を終え、進学先が決まらないままに帰国した。コロナ禍でなければ、シーズン後のオープンジムで大学コーチにプレーを見てもらえるはずだった。実際、過去の例を見てもそこで進学先が決まることは多いのだが、オープンジム自体を開催できるような状況ではなかった。そうなると大学に売り込む材料になるのは、不完全燃焼で終わったＳＴＭでのシーズンだけ。

「『シーズンの試合だけで俺はアピールできるのか？』と焦っていました」

そんな中で、Ｄ３のセントジョセフ大から声がかかった。いくつかＤ１の大学からも興味は示してもらいながら高校のときの成績が足りずに話がまとまらず、声をかけられていたＤ２の大学に行くしかないかと考えていたときだった。

ディビジョンの組分けだけ見ればＤ２より下のＤ３の大学だったが、ほかにはない魅力があった。Ｄ１の名門コネチカット大学で長年コーチをしていた殿堂入りの名将、ジム・カルフーンがヘッドコーチを務めているのだ。途中でＤ１へ転校できるようなサポートもしてくれるという。チームメイトには、コーチのもとでプレーしたいと、Ｄ１から転校してきた選手もいる。実際、昨季は下級生の選手しかいなかったにもかかわらず、Ｄ３の大学の全米ランクで最高13位だった。

「ずっと自分が一番うまくなれる選択をしてきた。今回もＤ３というだけであまり強くない大学みたいに思われがちなんだけれど、僕的にはここに来てよかったと思っています」

Ｄ１の大学に進学という目標も、まだ諦めていない。むしろ諦めていないからこそ、今の大学を選んだ。

人生、いつでも思うようにいくわけではない。そういう状況に直面しても、自分で考え、乗り越える方法を考えられるようになったのは、スラムダンク奨学生としてアメリカに出てきて一番成長を感じるところだった。

「アメリカに来てすごく楽しいこともあったんですけれど、勉強やバスケの悩みなど、きついこともあった。日本にいたら親も近くにいますし、仲のいい友

U17米代表選手と1対1したり、
210cmの選手にマークされたり、
渡米1年目から色々な経験をした。
撮影／和田篤志

達もいるので相談できるけれど、アメリカではそういうのを一人で乗り越えてきた。そういう経験をしたことで、この先バスケを続けていくうえではもちろん、ほかのことでも、きついときに頑張れる人になってきたと思うし、これからも頑張れると思います」

――やつらが無視できないぐらいうまくなれ。

今日も木村はそのフレーズを胸に、さらにうまくなるためにもがいている。

©NIIGATA　ALBIREX BB

それから、2022年までの木村圭吾

名将のもとで成長してＤ１の大学にアピールしたいと選んだセントジョセフ大だったが、コロナ禍でシーズンが中止となり、練習も自主練習しかできない苦境に。結局、１年が終わった２０２１年春に「とにかくプレーしたい」との思いで帰国し、Ｂリーグの新潟アルビレックスＢＢに入った。最初のうちは試合に出られず悔しい思いもしたが、その後、少しずつ出場時間を得られるようになり、プロとしてやれるという自信をつけた。２０２２年には第13期生のモサクも加入し、再びチームメイトとなった。今後は日本で経験を積んで成長し、アメリカに再挑戦することが目標だと語る。

『SLAM DUNK』で好きなキャラクター、シーンは?

山王工業の沢北が好きで、シーンで言うと、湘北《しょうほく》対山王の試合で流川にやられたとき、沢北が「やられたらやり返しゃいーんすよ……3倍にしてね」と言うシーンが大好きです。沢北って、山王で1年のときから活躍しているじゃないですか。僕、そういうのに憧れがあったんです。アメリカに行ったり、何でもできる。しかも、すごい負けず嫌いっていうところがすごい好きです。僕も負けず嫌いなんで。そういうところ、沢北かっこいいなと思いますね。井上先生にサインをもらったときも、みんな花道とかを描いてもらっていたんですけれど、「僕は沢北なんで」って、沢北でお願いしたぐらいです。

『SLAM DUNK 新装再編版』19巻より

コート上では激しい気性を思わせる雰囲気の圭吾ですが、話すと拍子抜けするくらい柔らかくていい奴です。ただその内側はやはり強くて熱いものがある、外柔内剛を地で行く選手です。

（井上）

#13

モサクオルワダミロラ雄太ジョセフ

第13期生

〝シンプルに〟うまくなりたい
熱い思いを胸に、日米を行き来する行動派

写真は取材当時（2021年）のものです。
撮影／Charles Milikin Jr

ルーツは国際的だ。ナイジェリア人の父と日本人の母を持ち、
アメリカのニュージャージーで生まれ、日本の埼玉で育った。
そしてバスケットボールに出会い、夢中になり、
より高いレベルを求めて再びアメリカに渡った。
夢の地で知ったのは、自分がどれだけ下手かということ。
それが、新たなる成長のスタートだった。

モサク オルワダミロラ雄太ジョセフ
もさく・おるわだみろら・ゆうた・じょせふ

2001年12月5日生まれ、埼玉県出身。2017年アメリカ・ニュージャージー州に渡りランコカスバレー高校に編入。19年にユニバーシティ・オブ・ネブラスカ高校（通信制）からスラムダンク奨学金第13期生としてセントトーマスモアスクールに高校最終学年で編入。21年9月よりストーンヒル大学に進学するが、22年帰国し、新潟アルビレックスBB（Bリーグ）と契約。ポイントガード、シューティングガード。193cm、84kg。

ルーツを表す大事な名前

とにかく名前が多く、長い。

モサク・オルワダミロラ・雄太・ジョセフ

「授業の最初の日とか、いつも（先生が）『ウーウー』みたいな感じになっちゃう」と笑う。

どれだけ長く、どれだけ多くても、そのすべてが彼のルーツを表す大事な名前だ。苗字のモサクと名前のオルワダミロラは父の出身地、ナイジェリアの名前。オルワダミロラはナイジェリアの言葉で「神から富と繁栄のご加護を授かった」という意味で、家族からは略してダミロラと呼ばれてきた。父の名前（ベンガダモラ、略してダモラ）に似た名前としてこの名前が選ばれたという。

雄太とジョセフはいわゆるミドルネーム。雄太は日本の名前としてつけた。もっとも、その名前で呼ぶのは日本人の母の両親、つまりモサクの祖父母ぐらいだという。ジョセフは生まれた地、アメリカの名前。聖書に出てくるヨセフの英語読みで、牧師の伯父が命名式でつけてくれた。

長い名前は覚えられないという人のためには、「D（ディー）」という短い愛称もある。

「いろんなところに行っているうちに、ディーになっちゃったんですよね。ダミロラのDから取って」

本人が「いろんなところに行って」と言うように、モサクは生まれて19年で日本とアメリカを転々としてきた。生まれたのはアメリカのニュージャージー。父の家族がナイジェリアから移り住んだ土地だ。生まれてすぐに日本に移り、埼玉で育った。地元のインターナショナルスクール、クリスチャン・アカデミー・イン・ジャパンに通い、高校の途中で単身ニュージャージーに渡った。そこで1年半過ごした後、帰国。その直後にスラムダンク奨学金に合格し、現在はコネチカット州のセントトーマスモアスクール（ＳＴＭ）にいる。

この数年でアメリカと日本を行ったり来たりしている理由は、バスケットボールだ。

小さいときからサッカー好きで、小学生のときは少年野球をやったこともある。中学はスポーツがアメリカと同じようにシーズン制だったので、勧められてバスケットボールを始めた。まったくの初心者から見ると先輩たちのプレーはかっこよく、同じことをできるようになりたいと思った。運動能力には自信があったが、それでも最初は何もできず、ルールもわからず、友達相手の1対1でも負けてばかりだった。イライラすることも多かったが、それが負けず嫌いの心を刺激した。負けたくなくて必死に練習し、練習すればするほど上達して、バスケットボールにはまっていった。

どれぐらいはまったかというと、学校の練習だけでは物足りなくなり、母が探してくれた地元のクラブチームに入り、さらには父の知り合いのつてで社会人チームの練習にも参加させてもらうようになったほど。バスケットボール・キャンプで勧誘されたことをきっかけに、インターナショナルスクールに通う選手を中心としたクラブチーム、Tokyo Samuraiの練習にも参加するようになった。

もともと身体能力が高く（運動会ではどの種目も1位だった）、歳の割に身長も高かった。そのため、学校のチームではすぐに中心選手になり、ポイントガードでエースになるのに時間はかからなかった。

急成長でうまくなることは楽しかった一方で、自分がいる環境に物足りないと感じるようにもなった。社会人チームで大人に交じって練習することでその物足りなさを埋めていたが、次第にアメリカに行きたいという気持ちが強くなっていった。中学1、2年のころのことだ。動画サイトで見るアメリカのバスケットボールに憧れていた。

「やるんだったら一番トップのレベルでやりたいって思ってやっていた。まわりの子たちよりうまくなっちゃうと、追いかける場所じゃなくなってしまう。もっとうまい人たちを見て、どうやっているのかを見て勉強したいなって思って、アメリカにずっと行きたかったんです」

親とも相談し、アメリカの学校を探してみたが、留学は授業料が高く、難しかった。諦めて、日本で頑張っていこうと思い始めたときに、ニュージャージーに住む叔母から「アメリカに来たいなら、うちに来ていいよ」と言ってもらえた。そこで、高校ソフォモア（日本の高校1年）のときに単身アメリカに渡った。叔母の家に住み、いとこと同じ高校に通った。バスケットボールのチームは特に強豪というわけでもなく、アメリカのなかでは普通のレベルだったが、それでも、みんな本気でバスケットボールに取り組んでいる選手ばかりだったのが嬉しかった。

「みんな子どものときから遊びでなく、1年中、けっこう真剣にやっていた子たち。正直、僕は（日本にいた）中学生のとき、自信があっただけで下手だったんですよ（笑）。今、動画とかで見ると、技術面はそんなにうまくなかった。だからアメリカに来て、普通の学校でもうまくない選手でした。こんなにできないんだ、みたいな感じでしたね」

ニュージャージーでの生活は1年半で終わりを迎えた。アメリカのバスケットボールに憧れ、行きたくて行ったアメリカだったが、2シーズン目が終わった直後に帰国を決めた。

「正直言って、おばさんの家でそんなに練習ができなかったんです」とモサクは、当時の状況を説明する。

アメリカに行って、自分が思っていたほどうまくないとわかったモサクは、練習したくてしかたなかった。勉強もしっかりやっていたが、それ以外の空いた時間はすべて個人練習やトレーニングに使いたかった。しかし叔母には、高校生のうちからそこまでスポーツに力を入れることを理解してもらえなかった。両親と相談し、高校最後の1年は日本で過ごそうと考え、帰国した。

スラムダンク奨学金のことを知り、応募したのは、そんなころだった。日本に帰国する数か月前にTokyo Samuraiのコーチから勧められて、アメリカから応募したのだ。帰国してすぐに一次審査を通過したという連絡があり、1か月後に最終トライアウトのために再びアメリカに戻った。

シンプルにうまくなりたかった

トライアウト初日は、本人によると「最悪」だったという。時差もあるなか、到着した日は興奮し、気合も入りすぎて眠れなかった。早朝3時に目が覚めた。「何もやることがなかったから、腕立てとかやっていました。今考えてみると、すごいあほなことをしていたかもしれないけれど、すごい気合入っていて」と笑う。

寝不足で挑んだトライアウト初日はいい思い出がないが、その夜はぐっすり12時間寝て回復。2日目はそれなりに活躍できた。それでも、合格する自信は

スラムダンク奨学金トライアウトでの1対1。
まだスピード頼りで、ほかの候補選手の
技術の高さに感心させられていた。
写真提供／スラムダンク奨学金事務局

なかったという。いっしょに最終選考を受けたほかの選手が、みんな自分よりうまく見えた。

それだけに、合格の手紙が来たときは嬉しかった。何よりも、またアメリカに戻れること、そして求めていたような高いレベルで練習ができることにほっとしたという。

と同時に、どうせアメリカに行くなら翌年春まで待たずにすぐ行きたいという思いが湧いてきた。3月にニュージャージーの高校を離れた後、6月に学年が終わるまではアメリカの通信制の高校に登録して勉強していた。当初は新しい学年になったら、渡米前にいたクリスチャン・アカデミー・イン・ジャパンに戻るつもりだったが、その1年を待てない気持ちになったのだ。通常、スラムダンク奨学金は高校を卒業した選手の留学が対象なのだが、米国籍があったことで各種手続きが簡素化でき、短い準備期間で渡米が可能になったため、高校最終学年で留学させてもらえることになった。

「シンプルに、アメリカでバスケがうまくなりたいんですよね。ほかのことも大事だけれど、正直言って、どうでもいいというか」

この「シンプルに」は彼の口癖。どうやら、自分のなかで大切にしていることを語るときに出てくる言葉のようだ。

「うまい人たちのまわりでやるほうが絶対にうまくなれるし、セントトーマスモア、バスケのレベルがすごい高いんですよ。夢のような学校というか。中1のときから行きたい、行きたいと言っていたような学校にやっと行ける。（日本であと1年やるより）アメリカに行って、誰も自分のことを知らないかもしれないけれど、そのなかでひたすらやっていくほうがいいです、って話をして」

　STMのヘッドコーチ、ジェリー・クインからは、1年早く来ても試合にはあまり出られないと言われていたが、それでもかまわないと思ったという。

「シンプルにうまくなりたかった。試合に出られなくても、うまい選手たちの近くにいるほうが自分もうまくなれると思った」

　実際、試合にはあまり出られなかった。試合での起用はPG（ポストグラデュエイト＝高校卒業した後の学年）の選手が優先で、モサクはまだ高校シニア（日本の高校3年）だったからだ。それでもチームメイトたちと練習し、ベンチから試合を見るだけでも勉強になった。そして、自分の実力がまだまだ足りないということも痛感した。

「経験したことがないようなレベルでした。こんな高いレベルのバスケはやったことがなかったので、何をしっかりやらなくちゃいけないかとか、何をやらなくていいっていうところをまだわかっていなかった」

コーチ・クインからは、「君には才能があるから、今は辛抱強く努力するんだ」とアドバイスされた。実際、運動能力だけなら平均より少し上だと感じた。しかし、それだけではサイズがある選手にはかなわない。どうやったらこのレベルでも試合に使ってもらえるようになるのかを考えていた。

「僕はまわりと比べて身体がでかいわけでもないし、しかも細いほうだし、この中でやるためにはやっぱり技術がすごいうまくないと生きていけないとわかった。バスケをもっと知らなくちゃいけないんだなって。（選手としての）個性も必要だけれど、コーチが作ったシステムのなかで、どうやって自分の個性を出せるか。高いレベルになってくるとみんなうまいから、コーチとしてはでかくて強い子たちが一番使いやすい。そのなかで自分は何をやれば、その子たちよりうまいのかを考えて、その子たちより技術をうまくしないといけないんだなっていうのを学びました」

試合に出られないなかでも、間違いなく成長につながるきっかけはつかめていた。ただ、大学進学を考えると、１年では足りなかった。

「目標がＤ１（ＮＣＡＡディビジョンＩの大学）だったんですよね。ずっと、子どものときからの夢。でも、自分はまだそのレベルに達していない。試合もそんなに出ていないし、難しいだろうと、シーズン中からそういうことを考えていて」

もともとのスラムダンク奨学金の留学期間は、２０２０年５月で終わってしまう。悩んでいたときに、井上雄彦氏がスラムダンク奨学金のスタッフと共に視察と応援のためにＳＴＭを訪れた。思い切って、もう1年ＳＴＭにいたいと直訴。その直後に起きたコロナ禍で十分に試合経験を積めなかったことなども考慮して、特例的にＯＫの返事が来た。

後から思うと、これは大きかった。コロナ禍で当初の予定より2か月早く、3月に一時帰国しなくてはいけなくなったからだ。ＳＴＭに戻れることがわかっていたことで、日本でも焦らずに、トレーニングに励むことができた。

みんなと同じことをやっているだけだと、うまくなるのは難しい

9月、ＳＴＭに戻ってきたモサクを見て、コーチ・クインはその成長ぶりに驚いた。つねづね、彼の練習の姿勢には感嘆し、「私が（40年以上）コーチをしてきたなかの誰よりも練習熱心」と称賛しているが、この半年での変化は、そのことの証でもあった。

「日本から戻ってきたディーはとても成長していました。前より背も高く見え、

力強くなり、自信もつけていたのです。うちに来て2年目で、慣れていたのも大きかったですね」とコーチ・クイン。

モサクによると、STM1年目のシーズンを通して自己分析ができていたことで、3月に帰国したときには自分のなかでは何が足りないのか、何を練習しなくてはいけないのかの課題がはっきりしていたという。帰国した直後は体育館も使えなかったので、近所の公園でトレーニングに励んだ。社会人バスケで知り合った人といっしょに、朝と夜に様々なスキルワークに取り組み、課題をクリアすると難易度を上げていった。ドリブルやパスをはじめ、シュートを打つまでの過程に必要なスキルに力を入れた。

「前はシュートだけがほぼできていた。今も、シュートを決めないとだめだと思うし、そこが大事で、一番の個性だと思うんですけれど、シュートからつながるものがないと。たとえばディフェンスが近づいてきたら抜けるかとか、そういう練習とかをしました。ドリブルのハンドリングとか。プレッシャーが来たら抜けるかとか、そういう練習もいっぱいして。あとは瞬発力を上げたり、身体もかなり鍛えました」

そうやって最大限の努力をすることは、彼にとっては当たり前のことだった。

「みんなと同じことをやっているだけだと、みんなよりうまくなるのは難しい。

初めてダンクができたのは15歳前後。
当時は「ギリギリできた」程度だったが、今では難易度
の高いウインドミルダンクもできるようになった。
撮影／Charles Milikin Jr

外では話を聞く側にまわることが多いが、
家での素顔は、本人いわく
「おっちょこちょいで超うるさい」。
撮影／Charles Milikin Jr

人一倍頑張りたいなという気持ちでいます」

日本でのトレーニングの成果は自分でも体感している。以前はスピードだけで勝負していたところを、帰国中に身につけたスキルを使うことで、緩急をつけて攻められるようになった。

「全部がゆっくり見えるようになりました。前はスピードだけでやっていて、速いから抜けちゃっていたんですよね。でも今は自分の身体をコントロールできるスピードのなかでしっかりできる。自分が使えるスピードのなかで動けているなっていう感じです」

身体を動かす練習だけでなく、時間があると動画を見て研究することも欠かさない。単に好きな選手のプレーを追うだけでなく、チーム全体のなかで誰がどんな動きをしているのか、試合全体の流れを見ることが多い。動画を何度も止め、「この人、ここにいるべきだなとか、あの人、これをやるべきだな」などと考えながら見ているという。そういった試合の見方は、中学のときにTokyo Samuraiのコーチから教わった。

「3〜4試合ぐらい見ていると、絶対に何か一つは勉強になるところがある。これは使えるなぁって思うところが絶対にある。けっこう勉強になります」

いつもの年ならD1からのオファーがあるレベル

2020年11月、モサクはNCAAディビジョンⅡ（D2）のストーンヒル大学にコミット（入学の約束）したと発表した。D1でプレーすることを目標に、そのためにSTMに戻ってきたのだが、結果的に選んだ進路はD2だった。コロナ禍で大学側でも奨学金枠がどれだけ空くかがわからず、リクルーティングがいつもと同じようには進まなかったことも影響していた。

　コーチ・クインは、「いつもの年ならＤ１からのオファーがあるレベル」と太鼓判を押す。それでも、来るかどうかわからないＤ１のオファーを待つよりは、全額奨学金をオファーしてくれたＤ２の強豪、ストーンヒル大を選んだ。

「自分のなかでも、もう少し待てばＤ１に行けたのではというのは今でもあるんですけれど、どっちを選ぶかになってきて、今はシンプルにうまくなりたいっていうのが大きくて。試合に出て、そのなかで自分の実力を測るのもすごい大事だっていうのもわかってきたし、（自分が目指しているところには）どこからでも行けるっていうか、シンプルにうまくなってそのレベルに行けばいいというのがわかってきた。完璧な理想のところでもないかもしれないけれど、そこが、一番高くまで行けるレベルに近いなら、そこに行こうかなと思って決めました」

　コーチ・クインからも、「今は行先よりも機会が大事」とアドバイスされた。とはいえ、コーチからそう言われたから妥協したわけではなく、あくまで自分で納得して決めたのだと胸を張る。今は、今秋からの大学シーズンに向けて、ストーンヒル大の試合映像を見て、自分がどんなプレーをすれば試合に出られるかを研究中だ。

「試合に出すのはコーチたちが勝てる選手だと思っている人。コーチたちにどうやって信じてもらうかだと思います」

　ストーンヒル大のコーチからは、ディフェンスを称賛されたという。

「正直、自分ではそんなにディフェンスうまいとは思っていないから、そこを褒めてもらってちょっと安心しました。ディフェンスができる選手って試合に出してもらえるし。自分ではオフェンスのほうが強い（得意）と思っている。ディフェンスが強くてオフェンスも強かったら、試合は出られるかな」

　モサクにとって、日本からアメリカに出て来てNBAの世界で活躍している八村塁や渡邊雄太は憧れであり、目標であり、そして自分も頑張ろうと思わされる存在でもある。いずれは自分もNBAでという気持ちは常に持っている。

「子どものときからずっとNBAに行きたいと思ってきたし、今でも諦めたくない。やっぱり、一番うまいところでやれたら嬉しいっていうか。そういう選手たちのなかで活躍したい。中途半端にやるのが嫌なので」

　中途半端は嫌い――。これまでもその思いで、妥協することなく自分が成長できる場所を求めてきた。そんな19歳の彼の前には、無限の世界が広がっている。

それから、２０２２年までの
モサク オルワダミロラ雄太ジョセフ

２０２１年にストーンヒル大に進学したものの、１年で帰国。第12期生の木村圭吾も所属するＢリーグの新潟アルビレックスＢＢに入り、プロ選手としてのキャリアをスタートさせた。その理由を、「若いうちからプロとして挑戦したかった。バスケに打ち込めるプロの環境が自分に合っていると思った」と語る。帰国したことで別の道も開けた。３x３（３人制バスケ）のＵ21日本代表に選ばれ、国際大会に出場。初の日本代表入り、そして様々な国の選手を相手にプレーする貴重な経験を得た。日本に戻ったものの、夢は以前と変わらず「ＮＢＡに行くこと」と断言する。

『SLAM DUNK』で好きなキャラクター、シーンは？

『SLAM DUNK』は、中1のときにアニメで見ていました。出てくるキャラクターの中では桜木花道が一番好きです。別に自分に重ねているわけではなくて、アニメのキャラとして面白くて、がむしゃらにバスケを頑張る感じがいいなぁと思います。好きなシーンは、最後の（湘北対山王工業戦終了の場面の）桜木と流川のハイタッチのシーンですね。あの二人がハイファイブする感じ、言葉がなくてもすごくわかります。

『SLAM DUNK 新装再編版』20巻より

柔らかさの中に意外な剛直さがあるＤは、初めて会った時はまだ子どものようでした。ＳＴＭで会った時に、「みんなうまくて、夢の場所にいる」と嬉しそうに真っ直ぐな目で話していて、こちらまで嬉しくなりました。Ｂリーグでさらに伸びていくのは間違いないと思います。

（井上）

流した涙は成長の原動力
挑み、失敗しながら成長を続ける負けず嫌い

#14

須藤タイレル拓

第13期生

写真は取材当時（2021年）のものです。
撮影／Charles Milikin Jr

失敗を乗り越えてきたからこそ、成功したときの喜びは大きい。
忘れられない悲しみがあるからこそ、人の温かさを大事に感じられる。
バスケットボールも人生も、思うようにいかないときはあるけれど、
家族や仲間に支えられて乗り越えてきた。
挑むための勇気を持つこともできた。
そして今、父の祖国アメリカの地で、挑戦は続く。

須藤タイレル拓　すどう・たいれる・たく

2001年4月6日生まれ、神奈川県出身。小学6年より横浜ビー・コルセアーズのユースチームに所属し、本格的にバスケットボールを始める。本牧中学校で県大会に出場。17年県大会上位常連校の横浜清風高校に入学。2年時と3年時に県大会2位。20年にスラムダンク奨学金第13期生としてセントトーマスモアスクールに入学。同校での名前は、父親の姓を使いTaku Youngblood。22年にNCAAディビジョンI所属のノーザンイリノイ大学へ進学。ガード、フォワード。183cm、82kg。

『俺が亡くなっても強く生きろよ』

須藤タイレル拓がバスケットボールを始めたのは、まったくの偶然だった。小学4年のとき、友だちから人数が足りないからと頼まれ、1週間だけ練習して試合に出た。それまでバスケットボールをやったこともなく、まったくの素人。初めて出た試合の内容は、ほとんど記憶にないという。ただ、シュートを1本決めたことと、そのときにすごく嬉しかったという気持ちだけは鮮明に覚えている。

「何回も何回も失敗しながら、成功したときのまわりの応援とか、自分の中の『よっしゃ、成功した』っていう気持ち。何かすごく嬉しかったです」

思えばそれからずっと、そのときと同じような喜びを求めてプレーし続けている。

「できないことができるようになるのが嬉しくて、それがもっとうまくなりたいというモチベーションに変わる。いろんなスポーツをやってきた中で、一番必死になれて、うまくなろうと思えたのがバスケでした」

バスケットボールの前にはサッカーや野球をやってみたが、どちらもしっくりこなかった。そんな中で出会ったバスケットボールに、夢中になった。そしてバスケットボールに導かれるように、人と出会い、人生が変わっていった。

子どものころの夢は歌手になることだった。父の影響だ。アメリカ人の父はプロの歌手で、バンドのボーカルとしてライブハウスなどで活動していた。子どものころに風呂場で歌っていると、リビングルームから父が大声で叫んできて、歌の指導をされたことを覚えている。

その父は、須藤が10歳のときに病気で亡くなった。それから10年の年月がたったが、悲しみが薄れることはなく、むしろ喪失感が増しているようにも感じる。

「これから先、何年生きたところで、その事実は変わらないです。お父さんがいたらよかったなと思うときも多々ありました」

そんなときに支えとなったのは、生前の父からよく言われていた言葉だった。

「僕が小さいころからずっと『強く生きて、お母さんを大切にしろ』『俺が亡くなっても強く生きろよ』って言われていました。まだ全然元気なときから。だから、頑張ってずっと強く生きています。この言葉はお父さんからの、一番でかいアドバイスですね」

今も歌は大好きで、風呂場で毎晩大熱唱している。歌声を聞いたことがある人によるとかなりうまいらしい。レパートリーは幅広い。

「バラード、R&B、ポップスなど、色々歌います。滑舌が悪くて舌が追いつかないので、ラップだけは成長がゆっくりですけれど」

今も父のようにプロの歌手になりたいという気持ちはあるのかと聞くと、

「バスケが無理だったらそっちって、もう決まっているんで」と、まんざらでもなさそうに笑う。

「お父さんの大親友がいて、その人にずっと、人生のプランBは歌手だって言われてるんで。だから、もしバスケでやっていけなくなったり、引退したら歌手に転向するっていう人生プランが、勝手に立ってます」

才能には限界があるけれど、努力には限界がない

でも、今はまだバスケットボールに夢中だ。小学4年でバスケットボールの楽しさを知った須藤は、6年のときには横浜ビー・コルセアーズのユースチームに所属し、本格的に練習をするようになった。同時に、小学生のうちはミニバスのチーム、中学に進学すると中学の部活にも入っていた。部活はチームとして活動する場で、ユースチームは自分のスキルを磨く場。

「チームスポーツっていうよさと、自分のスキルを磨きあげるという二つの環

境があったのは自分にはよかった」

当時のコーチによると、このころの須藤はまだ身体が小さく、スキルも追いついていなかった。それでも、誰よりも才能と将来性を感じたという。もっとも、須藤自身はそんなことは考えてもいなかった。

「自分に才能があるとは今でも思っていない。自分より身体能力とかＩＱが高い選手っていうのはたくさんいるわけで」

当時も今も、自分の直感を信じてプレーしている。考えるよりも、反射神経を使い、身体が動くにまかせてやってきた。

「基本的に全部感覚。プレーとかも、直感で動いているんで」

そんな中で出会った言葉がある。

「才能には限界があるけれど、努力には限界がない」

この言葉を知ってから、もっと努力しようと意識するようになった。

「この言葉は自分には刺さった。チームの中では才能があるほうだったけれど、バスケ界全体で見たら全然才能がないほうで、ＩＱもすごい低い。そんな中で、何で人を超えられるかってなったら、やっぱり努力。努力っていうのはすごい大事なんだなって思いました」

中学の3年間で身長が16㎝伸びた。1年のときには156㎝だったのが、3

年のときには172cmになったのだ。

「気づいたら172cmになってました（笑）。最初のうちはみんな、僕よりでかかったのが、『あ、みんなちっちゃくなっている』みたいな感じ」と笑う。

通っていた本牧《ほんもく》中学は決して強豪ではなく、県大会出場を目標とするレベルのチームだった。それでも、それぞれの選手が持ち味を生かすことができるチームで、「すごくいいチームでした」と断言する。

そのチームで、須藤は「基本的に全部やっていました」という。ボールを運び、パスをまわして、指示を出し、1対1から得点を取りに行き、リバウンドにも飛び込む。

そして3年のときには、ついに目標を達成して県大会に出場した。チーム史上初めての快挙だ。すごく嬉しかったのを覚えている。

もっとも、いざ出てみたら、県大会は別世界だった。1回戦敗退。

「一応目標は達成したんですけれど、やっぱ、そこから先の壁はでかかったですね」

高校は県大会上位常連校の横浜清風《よこはませいふう》高校に進学。中学で全国大会に出たこともなかったので、チームから勧誘されたわけではない。強豪で自分にあいそうな学校を選び、バスケ部に入部した。まわりの選手がみんなうまく見えた。

「自分は確実に下のほう。1年目は『あ、これはやばいな』っていう感じでしたね。練習とかもきつくて、嫌で」

　そこで出会ったのがバスケットボール部顧問の三宅《みやけ》学《まなぶ》先生だった。須藤が「僕が今まで教わった指導者の中で一番偉大な存在」と敬愛するコーチだ。

　三宅先生は現役時代にはガードとして日本代表にも選ばれた実績の持ち主。高いレベルでプレーしていた先生の言っていることが理解できないこともあった。それでも諦めずに理解しようとすることで、自分で考える力が身についた。

「先生は自分たちにできない領域のことを言ってくるんですけれど、それでも考えているうちに、ちょっとずつ理解できるようになる。難しくても自分の中で考えて、チームで考えてやり続ければ、必ずその答えにたどりつく。そういう先生です。わからなければちょっとずつそこに導いてくれる。直接答えを与えるんじゃなくて、考える機会を与えて、頭を使わせて、自分たちで結果をつかみ取ることをメインに考えていた先生だと思っています」

　2年のとき、練習の途中で体育館から追い出されたことがあった。

瞬発力があり、攻撃の突破力がある須藤は、ボールを持ったら目の前にいる一人目のディフェンスを抜いて、アウトナンバー※1状態を作るようにと言われていた。しかし、先輩のディフェンスを思うように抜くことができず、自爆気味

※1
アウトナンバー
攻撃エリアにおいてオフェンスの人数がディフェンスの人数を上回る状態のこと。

に攻撃が終わってしまうことが続いた。自信を失って積極的に攻めることを諦めたら、雷が落ちた。

「もう辞めちまえ！　体育館から出ていけ！」

言われるままに外に出ると、悔しさと怒りで涙がこぼれ落ちた。「そこまで言うなら本当に辞めてやる」とまで思った。

それでもバスケ部を辞めなかったのは、3年生のチームメイトが引きとめてくれたからだった。

「先輩たちが引きとめてくれて、僕がどれだけチームに大事かっていうのを伝えてくれて。この先輩たちのためにも、チームのためにも、諦めずに俺はもっ

三宅学先生に出会ったことは
人生のターニングポイントのひとつ。
諦めないこと、自分で考えて
答えをみつけることを教わった。
写真提供／須藤タイレル拓

とうまくならなきゃなって考えるようになりました」

練習に参加するために、三宅先生に謝りに行った。

「謝りに行くと、そこは絶対に突き放してくるんですよ。僕が『三宅先生』って言った瞬間に、『いや、帰れよ』とか言われて。絶対に突き放してくるんです」

それでも諦めずに何度も謝りに行き、そのたびに「帰れ」と言われて……というのを繰り返しているうちに、これは物事がうまくいかないときにすぐに諦めてしまう自分に対しての先生なりのメッセージだと気づいた。諦めずに続けて、うまくいかなくても向かっていくことがどれだけ大事なのか。このやり取りを通じてそのことを学んだ。毎日先生のところに通い、1週間半後にようやく練習に戻ることを許してもらえた。

「それ以外でも練習試合で僕だけ怒られて、試合に出してもらえないみたいなこともあった。そのころはまだ先生の考えが理解できていなかったんで、悔しくて、ほかの人たちのミスとかが目について『あいつらだってこうやってんじゃん』みたいな感じになっていたんですよ。でもそれが違うなっていうことが徐々にわかってきて。誰がどうするじゃなくて、自分がどうするかっていうのが大事なんだなっていうのがちょっとずつ理解できて、そこから自分も変わっていきましたね」

体感で自分より40㎝でかそうな人が猛スピードで突っ込んでくる

成長という面では、中学のときにプロの選手たちに個人指導してもらったことも大きかった。ビー・コルセアーズのユースチームで出会った親友の高橋幸《たかはしこう》と共に、当時のビー・コルセアーズの選手たちにレッスンをしてもらっていた。そこで学んだのはシュートやドリブルなどのスキルだけではなかった。プロの選手と対峙することで、無意識のうちにプロ選手の意識に触れていた。

「プロの選手たちは『こいつを絶対に倒してやる』っていう、闘争心がすごく強いのを感じました。自分はそのころ、まだバスケを遊び程度に楽しくやっていたんですけれど、幸といっしょにプロの選手と関わっている中で、『こいつらに負けたくない、負けちゃいけない』っていう意識がついてきましたね」

アメリカに行ってバスケットボールをすることを考え始めたのも、そうやって学校の部活を超えて色々な人たちと交流した影響が大きかった。それまでは考えたこともなかったが、外からの刺激を受けたことで、目指したいという気持ちが湧いてきたのだ。そんなとき、ユースチームで二つ上の先輩、小林良がスラムダンク奨学金でアメリカに留学したと聞き、「そういう制度があるなら、自分もそのときになったら挑戦してみようかな」と思い始めた。

そして高校2年のときに応募。トライアウトを経て合格したという通知が来たときは、嬉しさよりも驚きが大きかった。

「信じられなかったですね。『え?』っていう感じで、頭の中が真っ白になりましたもん。お母さんが嬉し涙流して、すごい跳びはねて抱きついてきて、僕は『受かったけど……マジ?』みたいな感じでした」

アメリカで行われた最終トライアウトでは、セントトーマスモアの現役選手たちに交じってプレーした。それは、まったくの別世界だった。この頃には須藤の身長も１８０㎝近くまで伸びていたが、それでも小さいほうだったのだ。

「２ｍ超えの選手がふつうにリバウンド取って、オールコートでドリブルしてくる。体感で自分より40㎝でかそうな人がドリブルして猛スピードで突っ込んでくるから、本当に怖くて。でも、そこに立ち向かっていく自分もいて。このほうが日本より絶対レベルアップできるなっていうのは心の底から感じましたね」

スラムダンク奨学金に受かったということは、そういう世界に入れるということ。それは嬉しかった。一方で、それは母と離れて生活するということを意味していた。

父が亡くなってからひとりで自分を育ててくれた母に、須藤は心から感謝し、大切に思っていた。高校に3年間行かせてくれて、遠征などの費用も出してくれた。成長期の須藤が精神的に不安定だったときにも支えてくれた。おかげで選手としても、そして人間としても成長できた。

「お母さんは僕に残された唯一の親なので、一番大切な存在。大切にしなきゃなっていうのは思っています」

スラムダンク奨学金に応募するときに、母のもとを離れることに躊躇がな

今も昔も、最大の武器はスピードと瞬発力。アメリカではサイズで劣る分、スピードだけは誰にも負けないように意識して走っている。
撮影／Charles Milikin Jr

かったわけではない。しかし母は「拓の人生だから、自分のしたいようにしなさい」と、背中を押してくれた。その思いを受けての渡米だった。

「お母さんが笑顔で送り出してくれたので、自分も、引きずらずに気持ちよくアメリカに来ました」

実はアメリカには異母兄姉が3人いる。まだ一度も会ったことはないが、以前から連絡は取り合っている。彼らと会うのはこの先の楽しみのひとつだという。

実際に自分の力が通用する。それは嬉しいサプライズ

当初、20年春からスタートするはずだった留学期間だったが、コロナ禍のために渡米が半年遅れた。8月末、待ちかねたように渡米した須藤を待っていたのは、思い描いていた通りの刺激的な環境だった。

「コート内の雰囲気が日本とはまったく違うんですよね。みんなでかいですし。そんな中で自分が何で彼らに勝てるかっていったら、やっぱり瞬発力とスピードと感覚、反射神経。だから、その要素を生かして戦っていかなきゃなって思います」

もうひとつ日本との違いは、お互いに率直に意見を言い合うこと。意見が違ってもぶつけ合い、話し合うことで、さらなる成長にも繋がっている。

「お互いに相乗効果で成長していくっていう感じがすごくある。思っていることはすぐに言うし、それに対して納得いかなかったら、納得いくまでお互いに言い合う。そんな中でチーム力と個人のスキルっていうのがどんどん上がっていく。すごくいい環境です」

チームに入ってみたら、予想以上に自分の力が通用した。中でも1対1でのオフェンス能力はコーチからも高く評価された。そのため、攻撃の起点としてチームの得点チャンスを作り出すのが役割だ。

「(コーチからは)1対1がチームで一番うまいって言われていて。それを生かすフォーメーションになると、『お前がボールをもらって(プレーを)コールしろ』って言われています」

持ち前の瞬発力を生かしてディフェンスの一瞬の隙《すき》をついて攻め込み、そのまま自分でシュートを決めたり、パスを出して味方のシュートをセットアップする。高校時代に叩き込まれたことだ。1年余前のトライアウトで「別世界」と感じた場で、実際に自分の力が通用する。それは嬉しいサプライズだった。

「素直に嬉しくて、成功するから、もっとレベルを上げていきたいなとも思う。

そんな中でうまくいかないこととかもいっぱいあって、自分にイライラする場面も毎日のようにあるんですけれど、コーチはそれをちゃんと見ていて、だめなところはしっかり言ってくれる。ひとりひとりもちゃんと見ているっていうのがすごい伝わりますね」

　練習中にヘッドコーチのジェリー・クインからよく指導されるのはディフェンスだ。

　コーチ・クインは言う。

「拓はオフェンス面では限りなく自信を持っている。誰よりも点を取れるという自信を持っていて、実際にできる。ただ、大学に行ってからも試合に出るにはディフェンスが大事。その点は上達する必要がある」

　須藤も「オフェンスはできるんですけれど、ディフェンスが大の苦手で」と認める。コーチ・クインからは毎日のように「もっとウィングスパン※2を使え」と言われている。身長１８３cmの須藤だが、何しろ、ウィングスパンは２０３cm。身長より20cmも長いウィングスパンは、うまく使えば、この後どのレベルに行っても武器になる。

「でも、その生かし方がわからないっていうか。うまくいくときもあるんですけれど、長いと、ずっと上げているのが疲れるんですよ。気づいたら下がって

※2
ウィングスパン
両腕を左右に水平に広げたときの片側の指先からもう片方の指先までの長さ。

しまって、『もっと上げろ！』って言われてます。毎日。その繰り返しです。ディフェンスを徹底的にやらされます」

もうひとつ、コーチからよく注意されるのは、自分の感情をコントロールすること。それも自覚はある。

「むかついたりとか嫌になったりすると、自分の中でテンポが落ちるんですよ。チームの動きの中で、不調なときは俺だけちょっとテンポが遅れているんですよ。好調なときとか、テンションが上がっているときは、誰よりも速く動いて、裏をつけたりとかできるんですけれど、その落差が激しくて。それをよく言われますね。それはバスケやっている中でずっと言われていることで、だんだんよくはなってきているんですけれど、まだまだ足りないなって思います」

そんな須藤について、同じ第13期生のモサク・オルワダミロラは「速いですね。ストップとゴーがすごいです。見ていて楽しいっていうか。ファン、みたいなところもあります（笑）」と語る。二人はよく似たところもある一方で、まったく正反対の部分も持っている。バスケットボールでも、モサクは考え抜いてプレーする頭脳派で、須藤は自分の感覚を大事にする直感派。

「ディー（モサク）は自分の思っていることを一番言える相手ですね。まったく真逆の意見が出てくることもありますし、お互いに合致する意見もありますし、似ていて似ていないんだなっていう感じ」と須藤も言う。

コロナ禍での留学となり、思うようにいかないことは多い。公式戦ができない分は練習試合で埋めることができているが、大学コーチに直接プレーを見てもらえる機会が少ないことは痛い。

「画面を通して僕のプレーを見るのと、直に自分の目で見るのとじゃ全然違う。アシスタントコーチからも、僕の一歩目の速さはビデオじゃ伝わらないって。ほかの選手は今まで直接見てもらう機会があったからオファーを受けやすいけれど、自分は今年初めてここに来て、まだ誰のレーダーにも映っていない。そんな中でオファーをもらうっていうのはなかなか難しい環境なんです」

希望はＮＣＡＡディビジョンⅠ（Ｄ１）の大学。実は、ディビジョンⅡの大学からはオファーが来ているが、ぎりぎりまでＤ１にこだわってオファーを待ちたいのだという。それは、大学の先の夢をかなえるためでもある。

「アメリカに来たからには、やっぱり一番でかい夢はＮＢＡに行くこと。そのためにもＤ１に行きたい。Ｄ１に行って、自分の実力をアメリカ中に見せてＮＢＡに行きたい。最大の目標はそこです」

どんなに大きな夢も、挑まなければ実現するかどうかはわからない。これまでも、そうやって常に挑んできた。

「これまでも、次のレベルに行くたびに挑戦してきた、小学4年生から6年生まで自分はずっと挑戦する側で、6年生で自分のチームを引っ張る側に立って。そこから中学に入って、また挑戦する側になって、成長していって3年生でチームを引っ張る役になって。高校になっても同じ繰り返しですね。バスケ人生でずっと挑戦してトップになるというのを続けています。それはどこに行っても、たぶん変わらない。そうやって挑戦し続けることを一番大事にしています」

留学して、物事の見方も変わってきた。
自分の意見を持ち、はっきり表明する
アメリカ流に触れ、日米それぞれのよさを
大事にしたいと言う。
撮影／Charles Milikin Jr

撮影／宮地陽子

それから、2022年までの須藤タイレル拓

アメリカでの1年目が終わり、D1までであと少しと感じた須藤は、「バスケに対しては妥協したくない」と、もう1年STMに残る道を選択。シーズン序盤に全米1位の学校相手に36得点をあげる活躍でチームを勝利に導くと、全米に名前が知られるようになった。待望のD1からの奨学金オファーも来るようになり、最終的に3校の中からノーザンイリノイ大への進学を決め、スラムダンク奨学生として初のD1選手となった。強豪校ではないが、これから上を目指す環境に魅力を感じたという。「そういう環境のほうが好き。燃え上がる」と意気込む。

『SLAM DUNK』で好きなキャラクター、シーンは？

『SLAM DUNK』は、日本の自分の部屋に全巻あります。枕元に並べてあって、眠れないときに読んだりしていました。好きなのはプレースタイルで言ったら流川で、キャラクターで言ったら桜木花道。桜木は、本人は盛り上げようとしているわけでなくても、まわりを鼓舞するキャラクターがすごく好きです。好きなシーンは山王工業戦で、まわりが全然乗っていなくて点取れていないときに、三井がひとりでスリーポイントをバスバス決めて、持ちこたえさせるところ。あの精神力、1回グレて、そこから戻ってきて、チームを引っ張れるような存在というのがいいですね。

『SLAM DUNK 新装再編版』18巻より

コロナ禍の影響を受けて渡米が遅れてしまいましたが、その分、身体や1対1の技術は成長したのかもしれません。お父さんのことや歌が上手いことなど、知らない一面もありました。プレーの面では、はっきりと自分が優っている部分があることが自信を生み、良いプレーの循環につながると思います。これから先がとても楽しみです。

（井上）

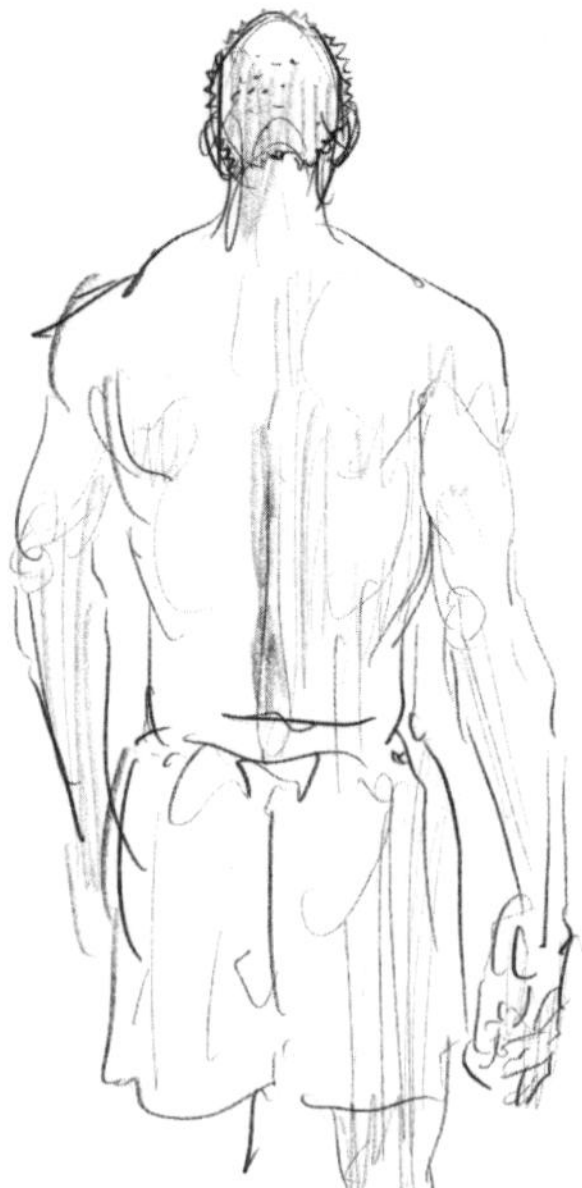

挑戦へ１００％打ち込めるように。スラムダンク奨学金事務局の屋台骨として奮闘する裏方が感じ取った熱量

#15

根本真吾
留学業務担当

小出桃子
奨学金事務担当

根本真吾

スラムダンク奨学金プロジェクトの裏方として、立ち上げからすべての期の奨学生たちを見てきた留学業務担当者に話を聞いた。ゼロから作られた制度、そして各奨学生たちを客観的に見守ってきたことで感じる挑戦の尊さ。プレイヤーではないが当事者として語られる言葉には、親心と羨ましさが滲んでいた。

根本真吾　ねもと・しんご

1968年7月25日生まれ、埼玉県出身。高校時代は陸上競技でインターハイ出場。大学時代に留学、卒業後、ミズノに入社。米国支社赴任時には96年アトランタ五輪、全米横断ツアー等のプロジェクトや、米市場向用具企画の業務に携わる。2003年起業独立、04年にアスリートブランドジャパン株式会社設立。「スポーツで世界を繋げる」をミッションにスポーツの力、チャレンジの大切さ、世界と繋がることの意義を広め、個の可能性を広げ成長の一助となる活動の支援を通じての社会貢献のために日々奮闘中。スラムダンク奨学金には05年の立上げ時から携わる。

大雪に道を閉ざされて

困った。この日、スラムダンク奨学金のプロジェクトで留学業務を担当する根本真吾は、ジョン・F・ケネディ空港から留学先のサウスケントスクールへ自ら車を運転して向かった。助手席には晴れて第8期奨学生に選ばれた猪狩渉。入寮する猪狩を送り届けることになっていた。

2015年3月下旬。飛び立つ前の日本は桜も咲きそうなポカポカ陽気。しかし、アメリカへ着くと別世界だった。

「ニューヨークから北へ、通常なら2時間弱の道程なのですが、高速道路は半分くらいであとはずっと下道なんです。この時、高速に乗って30分も経たないうちにじゃんじゃん雪が降ってきて。アメリカにはスノータイヤなどなく、車が滑り出したんです」

　空港に着いたのが夕方。大雪に襲われて間もなく日が落ちた。レンタカーにあるカーナビは心もとなかった。

「これはまずいと。サウスケントまではまだまだ距離がある。学校の担当に助けを求めたんですが、週末で学校は休み。担当に『大丈夫だ。頑張って来て』とだけ言われ、ハザードをつけて時速20マイルでトロトロ進むしかありませんでした」

　それでも手に負えなくなり、再び担当に電話して周囲のホテルを探してもらった。しかし、いかんせん田舎のためにほとんどない。自力でなんとか見つけたが部屋が空いている保証などない。運よく泊まれることになったが、生きた心地はしなかった。

「本当に怖い思いをしました。ホテルのフロントで手続きを済ませ、車に戻ったんです。アメリカに来たばかりの猪狩君にはさぞ怖い思いをさせてしまったと思ったら、『サウスケントに着きましたか?』って。車の中でも散々電話をかけていたんですけど、本人はどこ吹く風でずっと寝てたらしいんです（笑）」

　余計な心配をかけさせずにすんで安堵した一方、そのメンタルの図太さに心底驚かされた。

徐々に形作られていった
スラムダンク奨学金制度

　それまで勤めていた会社を辞め、日本の若者の海外スポーツ留学を斡旋する会社を

２００３年に立ち上げた。翌２００４年に株式会社化し、「アスリートブランドジャパン株式会社」の代表になって17年が経つ（２０２２年現在、18年経過）。これまでに仲立ちしたスポーツ留学生は１２００人超。留学先の大半はアメリカだ。

「自分がまずやることは出願書類を整えて審査してもらい、入学許可証を発行してもらったら大使館に持って行ってビザ面接をしてもらう段取りを進めます。そして学生ビザを発行してもらう。その後、健康診断など各学校の取り決めに従ってフォームへの記載や、各種手続きのペーパーワークも行います。これらはすべて英語です。留学後も生徒やその親御さん、学校とのやりとりをして状況把握に努めます」

初めてアメリカへ留学する生徒は誰もが心細い。その不安を取りのぞき、安心してやりたいことに専念できるよう手助けするのが仕事だ。スラムダンク奨学金に関しても、プロジェクトの立ち上げから関わり、第１期生から現在までずっと見守り続けてきた。まさに〝縁の下の力持ち〟である。

今でこそ珍しくなくなったスポーツ留学専門の会社だが、会社を立ち上げたばかりの頃はほとんど存在しなかった。

「今から考えると恐ろしいですが、軽いノリで始めてみたんです。でも、スポーツ留学のパイオニアとしての自負はあります」

競合がほとんどなかったからか、根本の元に、なんの前触れもなく『週刊少年ジャンプ』編集部から連絡が入ったのは２００５年。

「特に知り合いだったわけでも、コネクションがあったわけでもなく、電話かメールで突然連絡が来て。そこでスラムダンク奨学金の構想を知りました。まずは実現可能かどうかを探ってほしいと。リサーチはしていないと答えたのですが、仕事として依頼されまして」

会社を立ち上げてまだ間もない時期。リサーチは不慣れだったが、拙《つたな》いなりに報告書をまとめた。

「当時の日本人留学生の状況を調べるところから始めました。その後、留学先候補として最初はNCAA（全米大学体育協会）加盟の大学を考えていたのですが、第三者からの支援＝奨学金は規約に抵触する恐れがありました。しかもNCAAは中学3年から4学年ぶんの成績をチェックします。では、学力が足りていないバスケットの有望選手たちはどうしているのか、と調べた時に出てきたのがプレップスクールでした」

アメリカの大学スポーツで、バスケットボールとアメリカンフットボールは〝超〟のつく花形だ。当然有能な選手を集めたい。それこそ中学生時代からスカウト合戦が繰り広げられるが、学力の足りない選手は、中学から高校卒業後にプレップスクールへ入り、競技を続けつつ大学入学に足る学力を身につけてから進学するパターンも珍しくない。

「競技レベルを維持しながら学力を伸ばす、いわばNCAA進学のための調整弁のような位置づけ。ここであれば、入学に際して学力も問われず、バスケットボールのレベルも高い。まずはプレップスクールに留学して、その後NCAAを目指せばいいのではないか、と。それで候補を探ったのですが……」

プレップスクールは全米に数多く存在するが、ほぼすべての学校は「英語が話せる」ことが大前提。英語が話せない日本人でも留学可能で、バスケットボールのレベルが高い学校となると、数は限られた。

「ほかにも最終学年となるポストグラデュエイト（日本では高校4年生）から1年だけ受け入れてもらうことは可能なのか、という問題もありました。これらを総合していくと候補はどんどん絞られていきました」

2006年2月に提出した報告書に記載された候補校は7つだが、条件面からして実質5校に絞られていた。

「それで、この年の4月にプロジェクト関係者の方々と視察に行って、最終的にサウスケントに決めたんです」

決め手は環境だったという。当時、学校の周辺30分圏内は携帯電話の電波が届かなかった。周辺に娯楽施設はなく、山に囲まれた男子校。厳しいかもしれないが、バスケットのみに集中して打ち込むには最適な場所と考えた。

さらに、受け入れてくれる学校の留学担当者やバスケットボール部のヘッドコーチの人柄の見極めも重要だった。

「その中で理解を示してくれて、信頼の置ける留学生担当者やヘッドコーチがいたのがサウスケントでした」

ここに挙げたのは一例に過ぎない。スラムダンク奨学金の制度は、こういった地道なリサーチや綿密な話し合いを積み重ね、徐々に形を整えていったのである。

留学のあるべき姿は「自立心」の芽生え

ゼロから立ち上げたスラムダンク奨学金制度。だからこそ、第1期生に応募してきた並里成のトライアウトは緊張した。

「並里君は世代のトップ選手。はたして彼が通用するのか、合格をもらえるのか、非常に緊張感がありました。『とりあえずではなく、実力で判断してくれ』とコーチにも散々念を押していて、実際ガチンコのトライアウトでした。でも、もし並里君が不合格だったら、制度は作ったものの最初からまた考え直さないといけなかった」

結果は、杞憂に終わった。ピックアップゲーム形式のトライアウトでは、後にNBA入りするアイザイア・トーマスとマッチアップ。そんな実力者と対しても、奨学金関係者の心配をよそに、並里は好プレーを連発。見事合格を勝ち取った。

「アメリカ人は日本人選手をお客さん扱いしない。この時もその後も、トライアウトでいつも感じることです。アップ時とは明らかに違うスイッチの入った状態での真剣勝負だったのは間違いありません。でも並里君はまったく物怖じしない堂々とした性格でスラムダンク奨学金の道を切り拓いてくれた。本当にすごい選手です。そして何より、彼のプレーを見て嬉しそうに興奮しているコーチの顔が印象的でした」

実際に合格の報を受け、嬉しさと同時に安堵の気持ちが押し寄せてきたことをよく憶えているという。

以来、ほぼ毎年奨学生をアメリカに送り込んできた。自身は選考には関わっていないものの、彼らの個性の強さには毎回驚かされるという。

「びっくりするくらい、みんな個性が違うんです。たとえばジミー君（第2期生）はアメリカ人相手にもトラッシュトークでやりあえる強さを見せた一方、同じ第2期生のビッグマン・谷口君はサイズとは裏腹に優しくて現地の子どもたちに大人気でした。酒井君（第9期生）は人懐っこい性格ですがコート上での度胸は満点ですし、ホール君（第11期生）は見た目はおおらかそうなのに実は真面目で繊細。山崎君（第4期生）は飄々としてマイペースで寡黙、でもスリーポイントシュートをどんどん決める。山木君（第6期生）も独特の間《ま》の持ち主なんですがケガをしてもポジティブに転換できる屈強なメンタルの持ち主。木村君（第12期生）は一見アバウトそうで実はこだわりが強く、コート上での爆発的オフェンスからして内に闘志をたぎらせていたりする。まるでキャラクターを重視して選考したのでは、と感じるほどみんな独特で特徴的な個性が光るんです」

厳しいトライアウトを経て選ばれる奨学生は、日本では相当の実力を備えた選手ばかり。そこに、一般のスポーツ留学生とは違う特徴が見られる。

「スラムダンク奨学生は、日本では全国レベルだった選手が多い。つまり、試合に出るのが当たり前だった選手たちです。しかし彼らがアメリカに渡ると、思うように試合に出られなくなる。その時、何をしたらいいのか、自分の強みをどこまで把握できるのか、がカギになります。さらに留学期間が14か月と短い。その間に結果を出さなければいけないプレッシャー、奨学生に選ばれたことの自負もあるでしょう。一般留学生は途中で辞めることもできますが、スラムダンク奨学生は簡単にその決断はできない。外的要因かもしれませんが、自分で自分を追い込む境遇だからこそ生まれる自覚、気持ちの強さがあるはずです」

奨学生を送り出した後、相談に乗るのも業務の一環だ。しかし意外にも相談はあまり来ないという。

「経費精算やＴＯＥＦＬの対策、長期休暇中の外出についてや、進路のことなどの問い合わせ。ほかにも思い悩んで連絡してくることもたまにありますが、あまり来ません。来ても最初だけ。あとは基本自分で解決しているようです」

時にはこちらが心配になるほど連絡が来なかったりする。しかし、「自分で解決する」傾向が見られることは、留学であるべき本来の姿だと理解している。

「留学の意義として、自立心を高めて自分で解決していくことが挙げられます。特にアメリカでは待っているだけでは何も来ない。積極的に自分から出ていって獲得していかないとやっていけません。その点に気付けば自立心は自然と身についていく。難しいのは、それを口頭で伝えても意味がないということです。どこまで手を差し伸べるべきか、その度合いは人によって違ってくるので判断が難しいところではあります。でもヒントを与えることはあっても、主張して獲得する姿勢は自分で気づかないと身につきませんから」

つまり、連絡が少ないということは、留学の意義を理解し、一人苦しみながらも自立心を獲得している証左でもある。

「これが奨学生二人の期はどう折り合いをつけていたのだろう、と思うことはあります。第2期の谷口君とジミー君はもともと自立心が強い印象でしたが、第11期の小林君とホール君の時など、キャラクターは違うとはいえ、どちらかがどちらかに頼るということもあったかもしれない。現在留学中の第13期も、とても前向きでアメリカ向きなハートを持つ須藤君とバスケットと誠実に向き合い自信を得てきているモサク君、個性の異なる二人が留学しています。コロナ禍でこれまでとは違う形にならざるを得ませんが、二人でどのような成長を見せてくれるのか注目しています」

奨学生の成長を目の当たりにできる喜び

　奨学生の成長を直に目撃できるのは、この仕事の醍醐味だ。毎年高校3年生の春に現地での最終トライアウトへ同行し、合格した奨学生を1年後にアテンドする。そしてさらに1年後の卒業間近に事務局関係者とともに現地を訪ねる。成長の跡は、訪れるたびにはっきり感じ取れる。

「定点観測しているのはチームへの溶け込み具合です。それまでよそよそしかったのが、違和感なくコーチやチームメイトと談笑している。接し方もいじられ方も自然になっているんです。みんなでじゃれているのを見ていると嬉しくなります」

　野心丸出しで渡米した当初とは違い、目つきが優しくなっているのも特徴だという。

「環境に慣れて、リラックスできるようになった証拠でしょう。一方で身体つきはみんな驚くほど大きく、屈強になります。矢代君（第3期生）などは会うたびに大きくなっていった印象が残っています。彼はケガもあり苦労しましたが、ひとときも努力を怠らなかった。身体が大きくなったのはその証ですよね」

　チームメイトとの関係や身体つきの変化を見て伝わってくるのは、苦しみもがきながらも自分に向き合い続け、考え、動き、何かを獲得していっている手ごたえだ。そこにブレークスルーのヒントらしきものが見える。

「アメリカ人はびっくりするくらいプラス思考なんです。礼節を重んじる日本人からすると、時に無責任に感じてしまうほどポジティブ。そういう環境の影響もあるかと思いますが、苦しい経験もプラスに転換できるようになると強い。そして、僕が前の会社で働いていた時に接した一流アスリートたちもそうでしたが、1日24時間、本当に考えている。完全にマニアです。奨学生にも身体についてだったり、動きの質についてだったり、こだわっている選手が見受けられます。そういった点を職人のように極めていけるか。総じて言えば、自分が本当にバスケットボールを好きかどうか。スラムダンク奨学金はそれを試せる最高の機会だと思います」

　成長の跡は、バスケットコートだけにとどまらない。

「最初、英語が話せない間は僕が通訳するんですけど、その時は尊敬されるんです。でも、留学後しばらくすると僕の英語力の拙さがバレてしまう（笑）」

　個人差はあれど、奨学生たちの英語のレベルが目に見えて上がっていくことに関しては、気後れさえ感じてしまう。

「小林君（第11期生）は優等生タイプで志も高く、英語力がどんどん高まっていきました。鍵冨君（第10期生）なんか、前回現地で会った時は英語でＧｏｏｇｌｅのアルゴリズムの授業を受けたり、統計学でアナライズの話をしていたりして。バスケットの実力もある一方で、そのままＧＡＦＡに就職してもおかしくないくらいのレベルです。そして村上君（第7期生）。アメリカに渡ってから英語を猛勉強してＴＯＥＦＬで当時の奨学生歴代最高得点を記録しました。そして獲得した英語力を活かしてバスケットでもコーチやチームメイトと親しい関係を築き、見事に文武両道を実践した。彼らの挑戦を見るたびに、自分ももっと努力せねばと刺激になります」

自身に指導者経験はないが、生徒を持つ先生やコーチの喜びとはこういうものだろう、と奨学生の挑戦と成長を見守りながら感じている。そして彼らを〝羨ましい〟とも。

留学した14か月の事実は消えない

自分はあくまでスポーツ留学生のサポート役。しかし、彼らが成長するのを見るたびにエネルギーと刺激をもらう。そして成長を目撃して、思わず〝羨ましい〟と感じてしまう。なぜかというと、自分が果たせなかった希望がここにはあるからだ。

「アスリートの選手生命は延びているとはいえ、ピーク時に世界に出て試せるのは本当に限られた時間です。僕のようにあとから後悔しても、その時間は絶対に取り戻せない」

自身は陸上選手だった。埼玉県立大宮高校時代は１５００ｍ走と８００ｍ走でインターハイに出場。年間高校ランキング10位までいった。一方、当時ＢＳ放送などで始まったＭＬＢ中継や地上波で放送されていたＮＦＬ

を見てアメリカンスポーツに魅了される。上《じょう》智《ち》大学進学後、帰国子女の先輩にNBA観戦を勧められ、マイケル・ジョーダンの影響もあり虜に。1年間カリフォルニアに留学した時は、ゴールデンステート・ウォリアーズのアリーナに通い詰めた。

アメリカンスポーツ好きが高じて就職したミズノ株式会社では米国へ赴任。その際知り合ったアメリカ人の同僚から、自分の陸上の記録ならNCAAに奨学金をもらって挑戦できた事実を知る。

もし知っていたら、絶対アメリカに挑戦していた――。この思いが、現在の会社の起業につながっている。

「自身の経験ですが、言葉は通じなくてもスポーツを通じて誰とでも仲良くなれる。そしてその仲は一生ものになります。スラムダンク奨学金も留学した14か月の事実は消えない。そこでの経験や人脈はその後、いかようにも活かせる財産になります。奨学生には各自の目標があるので僕が言うことではありませんが、若いうちから世界とつながることで得られるメリットやチャンスがあるということも知っておいて損ではないと思います」

押し付けはしない。でも、奨学生の挑戦には根本真吾という男の夢もまぶされている。

スラムダンク奨学生 一覧

第1期生	並里　成
第2期生	谷口大智
	早川ジミー
第3期生	矢代雪次郎
第4期生	山崎　稜
第6期生	山木泰斗
第7期生	村上駿斗
第8期生	猪狩　渉
第9期生	酒井達晶
第10期生	鍵冨太雅
第11期生	小林　良
	ホール百音アレックス
第12期生	木村圭吾
第13期生	モサク オルワダミロラ 雄太ジョセフ
	須藤タイレル拓

※第5期は該当者なし

『SLAM DUNK』で好きなキャラクター、シーンは?

神奈川県決勝リーグで海南大附属に敗れた後、桜木花道がシュート練習に明け暮れるシーンに共感します。僕もアメリカに留学していた時、ピックアップゲームで周囲と親交を深めたのですが、陸上しかしてこなかったため体力はあってもすごく下手で。なんとか勝利に貢献したいと必死になってました。その時ずっとやっていた練習がすごく楽しかった。ひたすら苦しく走っていた陸上の練習より、根本的に楽しい。花道の「シュートの練習は楽しかった」というシーンを見るたび、当時の空気が蘇ってきます。

『SLAM DUNK 新装再編版』10巻より

#15 根本真吾

小出桃子《こいでももこ》

まだ十代の若者たちに挑戦できる機会を提供したい。
その思いで事務作業に勤しんできた。
挑戦をサポートするために人知れずくぐり抜けてきた苦労がある。
裏方に徹しているからこそ湧いてくる思いがある。
その若者への尊敬の念は、合格者だけにとどまらず、
応募者全員に対するものだった。

人の人生に関わる仕事

これまで請け負ってきたどの業務とも違う。スラムダンク奨学金事務局で事務全般を行っている小出桃子は、担当になってから13年が経った今もそう感じている。

「17～18歳の青年たちが、自分の人生を懸ける覚悟で応募してきてくれる。そして2次選考を通れば、アメリカで実技による最終選考の機会が与えられる。今まで日本でしかプレーしてこなかった彼らが、何らかの影響を受けているのは最終選考の時点で見ていて分かります。結果、合格できたとしてもできなかったとしても、世界に目が向いたことは帰

国時に書いてもらうレポートを見れば一目瞭然で。いろいろな業務をしていますが、このように人の人生に関われることは、この奨学金の仕事でしか体験できないことです」

籍を置く株式会社集英社ＥＰでは、様々なイベントの企画や設営、運営を行っている。スラムダンク奨学金発足当時から携わってきた前任者の退社に伴い業務を引き継いだのは、２００９年。

「慌ただしく事務作業の引き継ぎをしていた頃、第1期生の並里君は既にアメリカに渡っていて、ちょうど第2期生の谷口君とジミー君が渡米直前のタイミングだったと思います。そして第3期生の選考中でした」

どの選手にとっても、合格通知を見た時の喜びは筆舌に尽くしがたい。その合格通知を作成することもたいせつな仕事のひとつだ。

スラムダンク奨学金では、毎年アメリカ留学前に壮行会を催している。初めて現場に赴いたのは第2期生の壮行会だった。

「谷口君もジミー君も、とにかく大きい。人の中にいても肩から上が突出しているからすぐ分かるんです。でも、そんな圧倒的な彼らがアメリカに行き、チームの中に入ると違和感がなくなる。ごく平均的なサイズになってしまうんです。そこでまたビックリ。これから彼らが挑もうとしている世界のレベルを目の当たりにして、ただただ圧倒されていました」

選手たちの選択肢のひとつとして

事務作業は多岐にわたる。例えば募集を告知し、送られてきた応募書類をとりまとめ、事務局で共有。そして合格通知の作成。毎年年末に行われる高校バスケットの花形、ウインターカップでは、井上雄彦先生のサイン入りポスターを会場に掲出してもらっている。このポスターの制作、搬入、撤収も行う。アメリカに挑戦したいと考えている全国の選手たちに選択肢の一つとして見逃されないよう、公式ホームページの更新も欠かせない。地道だがたいせつな広報活動を粛々と続けながら、応募してきた青年たちを丁寧にサポートしてきた。

アメリカに帯同することもある。

「最終選考の際に、根本さんといっしょに帯同される方の予定がどうしても合わない場合もありまして。そのような時は私が行きます」

海外に渡った経験はほぼ皆無。内心は不安まみれだが、ふと隣を見れば、選手たちも自分と同じような表情をしている。

「例えばウインターカップでＭＶＰを獲得するような選手や、専門誌の表紙を飾るような選手がただの高校生になっていて。入国審査の時もそわそわしているんです。私も同じなので気持ちは分かりますが（笑）。しかも彼らは合格した場合、いきなりアメリカの山の中にある学校の寮に入って、翌日から理解できないのに英語の授業を受けるわけです。その不安たるや、想像を絶しますよね」

奨学生との接点は最終選考に帯同した時と壮行会、そして年に一度予定されている同窓会。事務方に徹するぶん、奨学生と直接関わり合う機会は限られている。でも、だから分かることもある。

奨学生たちの成長だ。

成功は約束されていないけど
成長は約束されている

話を聞いていて驚かされるのは、奨学生と実際に会う機会は少ないのに彼らの個性を的確に見抜いていることだ。

「なぜなのでしょう……。例えば最初に応募してもらう際、800字程度のエッセイを書いてもらうのですが、その内容。例えば壮行会の時に本人とご家族の方と会食をするのですが、その時の様子。そういったところに性格がよく出ているんです」

最終選考に帯同すると、前の期の奨学生がまだ卒業前でプレーしている。その様子を見ると、はっきりと成長の跡が見えるという。

「まずどの奨学生にも共通して言えることは、身体が一回り大きくなっていることです。アメリカ人のチームメイトはおしなべて背が高く大柄。そこに入ると、最初はどうしてもサイズ感で見劣りしてしまう。本人たちもその点を自覚しているのか、身体を鍛えることは必須なのでしょう。第3期生の矢代君や第8期生の猪狩君などは、一回りどころか二回りくらい大きくなっていて〝本当に同一人物ですか？〟と驚かされました（笑）。自分に足りないものを考え、その課題に向かって努力ができる矢代君。やりたいことを人の目をまっすぐ見ながら主張できて、実際に貫ける猪狩君。彼らの性格が体格に出ているなと」

最終選考に帯同した時、卒業間近の前期の留学生とヘッドコーチとの進路面談に同席したこともある。

「第11期生の小林君とアレックス君の面談に参加させてもらった時、二人の話しぶりや話の内容が、留学前の壮行会でのそれと比べ物にならないくらいしっかりしていました。有言実行でストイックな小林君と、高校からバスケットを始めて潜在能力に満ちたアレックス君。タイプの異なる二人ですが、ともに壮行会の時点で既にしっかりした考えを持っていました。それが、さらに目標が具体化されて将来のビジョンもはっきりして。その時思い出したのが、ジミー君がかつて言っていたことです。『スラムダンク奨学金は、成功は約束されていないけど成長は約束されている』と。本当にその通りだと思いました」

事務局が求められた柔軟な対応力とブレない信念

関わるプロジェクトに参加する若者が、大きく成長する姿を目の当たりにする。そこに喜びを感じ続けてきた。一方で担当を引き継いで13年の間、スラムダンク奨学金事務局であらゆる試行錯誤を繰り返し、想定外のケースに対応してきたのも目の当たりにしてきた。

「最も印象深かったのは猪狩君がサウスケントからＩＭＧに編入することになった時です。夏休みの間ＩＭＧの練習に参加していた猪狩君の実力が認められ、スカウトされた。本人も編入したいと希望している。でも年間のスケジュールも決めているし、編入に際して費用も加算される。こういったイレギュラーなケースに対応するのは難しいのでは……という話だったんです。でも井上先生が『ＩＭＧのコーチの評価を勝ち取ったチャンスをいかしてあげたい』ということで編入が実現しました。あの時決断された井上先生、手続き全般を行った根本さんは大変だったと思います。でもあの時に、決められたレールの上を進めることしか考えていなかった自分に気付かされました」

　これまでで唯一「該当者なし」の結果に終わった第5期の時も事務局は悩んだ。

「最終選考へは5人の選手が参加しました。中にはリーダーシップを発揮していた選手もいましたし、全員気持ちの強さを見せていたのですが、コーチの求める基準には達しなかったようで……。ちょうど私が初めて最終選考に帯同した時でもあり、とても残念でした。そしてこの結果が事務局を、迷わせることになります。一度目に見える結果を作るために、将来を嘱望されている選手をスカウトした方がいいのではないか、という話が出たんです」

　現状を変えるには目に見える結果を出すしかない。その考えには一理ある。しかし、事務局は結局、これまでの方針を変えないことを選んだ。

「スカウティングをしてしまうと、高校では終われないと思っている選手たちにチャンスを提供できなくなってしまう。やはりスラムダンク奨学金は、自力でアメリカに挑む道を見つけることが難しい選手たちに広く門戸を開いた方がいい、という結論に達しました」

　この時から、スラムダンク奨学金のコンセプトがブレたことは一度もない。

個性を隠すのでなく輝かせていた奨学生たち

　２００８年から続いているスラムダンク奨

学金。その当事者の話をうかがっていると、奨学生から次の奨学生へとバトンを受け渡しながら少しずつ進化を遂げ、形作られてきたことが分かる。実際、いきなりアメリカに行って右も左も分からない奨学生をはじめにサポートしてきたのは、前の期の奨学生だ。

「前期の奨学生が通訳してくれたり、学校や寮、バスケットボール部のことを教えてくれたりすることがいかに支え、手本になるか。だからこそ、その存在がいなかった第6期生の山木君、第9期生の酒井君そして第1期生の並里君もとても苦労したんだろうな、と」

山木泰斗が参加した最終選考時もアメリカに帯同していた。

「普通は緊張していつも通りのプレーができないなか、飄々としていました。ミスしても落ち込む様子もなく。決して強豪と言われる高校の出身ではありませんが、そのことを気にするそぶりも見せず。同窓会で先輩方に会っても臆することがない様子で。彼だからこそ前期不在の第6期を乗り越えられたのかもしれません」

逆に第1期生の並里成は引き継ぐ前に渡米していたので、直接の面識はない。

「同窓会にも一度も来たことがないので（笑）。人柄は分からないのですが、3歳の頃から愛用しているタオルケットをアメリカに持参したと聞いて。そういえば谷口君も長身に似合わず甘党で、大好きなあんこのチューブを持参して貴重品入れの金庫に保管していたと聞きました。日本では世代のスターだった選手たちも、やっぱりホームシックになる。それくらい大きな挑戦なんですよね」

当初から奨学生たちはバスケットの実力を

認められていた。しかし英語の成績が達しない。そのことがディビジョンI（D1）、および4年制大学への進学を難しくさせていた中、ひとつの転機が訪れたのは第7期の時だ。

「村上君は物静かですが、内に熱いものを秘めているタイプ。高校時代から成績も良く、サウスケントでも勤勉でバスケットも勉強も優秀でした。相当勉強していたのは明白で成績も大学進学基準を超えていました。結果、希望する進学は叶わなかったですが、学業面で大きなハードルを越えてくれた選手です」

その後、奨学生たちの可能性をより広げるために綿密なリサーチを続け、事務局はサウスケントからセントトーマスモアへ留学先を変更するという大胆な一手に出る。

「セントトーマスモア1期生となった酒井君（第9期生）の時も最終選考に同行したのですが、初対面のチームメイトに声をかけてシュート練習を始めたり、ピックアップゲームでも司令塔の役割を難なくこなしたり。素人の私が傍から見ても彼が中心になっていくのが分かりました。明るい性格に突出したコミュニケーション能力で言葉の通じない相手に溶け込んでいって頼もしかったですね」

明るさ、コミュニケーション能力は主張の激しいアメリカで必須。しかし、決してそうとも言い切れないケースも見てきた。

「第10期の鍵冨君はすごいシャイでして。でもアメリカ育ちだからか、現地で臆する姿は見られず。もともと英語を話せますし、それこそ高校時代は専門誌のアンケートでチームの中で一番勉強が得意だと発表されていたほどですから。むしろアメリカの方が肌に合っていたのかもしれません。シャイというか大人しいという点では第4期の山崎君もそうでした。主張してアピールすることはしない。同窓会でも口数は少ない。普通はアピールの少ない選手にボールは回ってきません。でも、持ち味のスリーポイントシュートを驚異的な確率で決め続けるので、必然的にチームメイトからボールが集まってくるんです」

本人は「おこがましい」と謙遜するが、歴代の奨学生の個性を語る様子はさしずめ〝スラムダンク奨学生のお姉さん〟だ。彼らの様子を見て学んだのは、各々が個性を隠すのではなく、輝かせることで状況を打開していったこと。挑戦は結果以前に、活路を見出していく経緯にこそ意味があると感じさせられた。

コロナ禍の中、遂に到達したひとつの成果

事情が変わってきたのは第12期からだ。２０１９年末より世界的に広がった新型コロナウイルスによって、スラムダンク奨学金の活動もこれまで通りとはいかなくなった。

「第13期生の最終選考へ帯同した際に、第12期生として入寮したばかりの木村君に会いました。まさに爽やかスポーツ少年という印象で。ですが、その後コロナ禍によって同窓会もできず、会うことができていないんです」

現地で最終選考を行うことができたのは第13期生まで。その後第14期は派遣を、第15期は募集自体を中止せざるを得ない事態に見舞われた。

「第13期生の須藤君もコロナ禍に翻弄された留学になりました。渡航制限の影響を受けて

入学は通常より5か月遅れになりました」

コロナ禍はアメリカの学生バスケット界にも影を落とした。通常の公式戦をスケジュール通り開催できず、リーグ自体が中止になったり、部分的に開催したりと、その対応は学校ごとにバラけた。セントトーマスモアも満足な数の試合を行うことができず、試合経験を積むため、連盟からコロナ禍の特例措置として選手資格の延長が認められ、二人とも留学期間を1年延ばすことに。

「でも結果として須藤君はＤ１のノーザンイリノイ大学に全額奨学金を得て入学、モサク君もＤ２のストーンヒル大学に進学することができました」

第1期から実績と課題を受け継ぎながら、遂に第13期で辿り着いた全額奨学金でのＤ１の大学進学。各奨学生がそれぞれの個性を光らせながらぶつかってきた挑戦は同時に、一歩ずつ奨学金の制度自体を進化させてきた。

スラムダンク奨学金の進化はしかし、まだ止まらない。期を経るごとに、そして時間を経るごとに、解決すべき課題は新たに現われてくる。

「これまでも奨学生の考えや評価によってケースバイケースで対応してきましたが、それは今後も変わらないと考えています」

結果よりも重要なこと

今や教育の形も多様化してきている。２０１６年には日本のプロバスケットボールリーグ・Ｂリーグも開幕し、高校卒業後の選択肢も多様化している。そのような変化には沿う。だが、初心は忘れない。

「自分でどうやってアメリカに挑戦したらいいか分からない、もしくは分かっていても挑戦できないという若者たちにきっかけを与えることができれば」

この思いはスラムダンク奨学金事務局の総意だろう。そして、長らくスラムダンク奨学金に応募してきた選手たちを見てきた小出桃子には、ならではの思いがある。

「奨学生たちは、アメリカで自分の夢に向かって挑戦しているわけです。でも、私からするとその夢——例えばNBA選手になること——を実現することだけがすべてだとは思えなくて。むしろ様々な事情を経てスラムダンク奨学金を経験したことで、それまで自分の中になかった新しい選択肢が芽生えてくれることの方が重要で。選手でなくてもいいし、バスケット以外の道でもいい。これから歩む未来に対して成長のきっかけにしてくれることが一番の望みです」

この言葉は、合格した奨学生のみにかけているのではない。

「最終選考をやることの意味は、もちろん合格者を決めることです。でも、最終選考に残った選手たちに、わずか数日間でも本場アメリカのバスケットを経験してもらいたいという気持ちも強くあります。それだけでも絶対に得るものがあるからです。だから何とか行かせてあげたい。そう思っている事務局の人は多いはずです」

自身が17~18歳の頃、アメリカ留学のような挑戦をしようと考えたことすらなかった。むしろ、そういった挑戦を避けていた気がする。だから、この若さでスラムダンク奨学金に応募してくるだけでも尊敬してしまう。

「応募すること自体がひとつの大きな挑戦ですから。まず勇気が必要ですし、それ以前に親御さんを説得しなくてはいけません。送り出す側の親御さんの勇気も本当にすごいことだと思います」

覚悟を決め挑戦することが、人間一人の可能性をいかに広げるか。その事実を目の当たりにしてきたからこそ、獲得した可能性はフルにいかしてほしいと願う。なぜなら、その可能性は心底努力した人にしかもたらされないから。

「正直、奨学生たちの話を聞けるだけで実りある人生になったと感じてしまうくらい（笑）、貴重な体験をさせてもらっています。それほど彼らの挑戦する姿は――あまりにも眩しいです」

『SLAM DUNK』で好きなキャラクター、シーンは?

若かりし頃は山王工業の沢北に憧れていました。自信満々な発言をするんですけど、口先だけではなく実際にプレーが伴っている有言実行の部分がかっこいい。格好のいいことを言うだけで行動がついていっていない人が少なくない中、ちゃんと自分が発した言葉のぶん努力をするし、しっかりやり遂げる沢北はすごいです。そういえば猪狩君も沢北が好きで、井上先生にお会いした際に描いてもらっていました。「あなたもそういう人? 私も」と意気投合したのを覚えています（笑）。

『SLAM DUNK 新装再編版』19巻より

あとがき

「いつか、スラムダンク奨学金の本を出しましょう」

井上雄彦氏とそんな話を最初にしたのは10年ほど前のことだっただろうか。場所はサウスケント近くの、こぢんまりとしたベッド&ブレックファストのリビングルームだったと記憶している。アメリカでバスケットボールをしたい若者たちにその場所と機会を与えるという壮大な計画が実行に移され、軌道に乗ってきたのを見て、これは記録に残しておくべきプロジェクトだと思ったのだ。

もっとも、今回の本があのときの話が実現したものなのか、まったく違うところから出てきたアイディアなのかは知らない。正直、それはどうでもいいこと。大事なのは井上さんが大きな夢を描き、それを実行に移してきた関係者の方々がいて、多くの若者たちが海を渡り、人生の中で大事な10代の終わりの14か月に貴重な経験ができたということ。それぞれ苦労し、悩み、時に泣きたくなったことがあっても、そこで得た種は彼らの中で芽を出し、花を咲かせている。この本は、そんな若者の成長の記録であると同時に、井上さんを筆頭に、彼らの挑戦を心から応援し、支えた大人たちが成し遂げたことの記録でもある。取材、執筆に関わることができて幸せだと感じられる仕事でした。ありがとうございました。

宮地陽子

「何かと揶揄したり冷笑する物言いが目につくこの頃ではありますが、挑戦することに敬意を持ち、そのことがきちんと評価される社会であってほしいと願ってます」。

スラムダンク奨学生インタビューの企画が始まるにあたり、井上雄彦先生からのメールにあった言葉だ。以来、「挑戦の尊さ」をテーマに取材を進めてきた。

眼と言葉。どの奨学生にも共通していたのは活力に満ちた眼と、自分ととことん向き合ってきた者のみが発せられる〝自分の言葉〟だった。

「挑戦」とは日頃からよく聞く言葉だが、本当の挑戦とは「怖さも弱い自分もすべて受け止めてなお一歩を踏み出す」ことだと教えられた。もちろん本人は結果を求めているが、挑戦した時点で既に成長を勝ち得ているのだ、と。

本書が、もしその一歩を踏み出そうとしている人の後押しになれば幸いです。

今回執筆するにあたり、自分がこの道に入るきっかけの一人になった宮地陽子さんといっしょにお仕事できたのは喜びでした。

また、井上雄彦先生をはじめスラムダンク奨学金事務局の方々、企画に携わってくださった『青春と読書』の澤野氏、編集してくださったジャンプ・コミック出版編集部の日向氏、久島氏、なにより取材に協力いただいた歴代スラムダンク奨学生のみなさま、本当にありがとうございました。この場を借りて感謝申し上げます。

伊藤亮

バスケとの出会いがあったから漫画を描くことができた。
日本のバスケに何か恩返しをしたい。
過去でなく未来のための何かを。
未来を担う日本の若者に機会を、もう一つの選択肢を作りたい。
バスケの母国アメリカに学びたい若者は多いが道筋が分からない。
そこに架け橋ができたら――

そんな思いがありました。私にそれを形にする力はありません。スラムダンク奨学金が今日あるのは、人に恵まれたからこそです。集英社の中村さんと佐々木さんがこの話を受け止めて動いてくれたことから始まり、日本とアメリカ、たくさんの方々の志と絶え間ないご尽力があってこそ、この奨学金は今日まで続けることができています。心から感謝を申し上げます。

慣れ親しんだ居心地の良い場所を離れることには勇気が要ります。異国の地で新たな自分を見つけていく歴代の奨学生たちの挑戦に私自身何度も勇気づけられ、力をもらいました。挑戦することの価値を、彼らの言葉や姿が教えてくれています。

井上雄彦

宮地陽子　みやじ・ようこ

東京都出身。国際基督教大学教養学部卒。出版社勤務を経て、1987年にアメリカ・シカゴ近郊に居を移し、バスケットボールを中心としたスポーツライターとしての活動を始める。90年代のシカゴ・ブルズ黄金期をすべて地元で取材。2004年にロサンゼルスに拠点を移し、NBAや国際大会のほか、アメリカで活動する日本人選手の取材も続けている。著書に『The Man―マイケル ジョーダン ストーリー完結編』（日本文化出版）、編書に田臥勇太著『Never Too Late 今からでも遅くない』（日本文化出版）がある。

伊藤　亮　いとう・りょう

1977年生まれ。東京都出身。中央大学法学部卒。編集プロダクション勤務を経て2004年からフリー編集兼ライターに。サッカー、野球、バスケットボールなどスポーツを中心に、漫画、カルチャーに至るまで、雑誌やWeb媒体で幅広く取材、執筆、編集を行っている。書籍編集では『直伝 澤穂希』『ピンポンさん』『最強世代1988』（講談社）などスポーツ関連書籍のほか、『マンガ脳の鍛えかた』（集英社）といったカルチャーに関する書籍など多ジャンルにおいて携わっている。

井上雄彦　いのうえ・たけひこ

1967年1月12日生まれ。鹿児島県出身。1988年手塚賞入選作『楓パープル』でデビュー。1990年に『週刊少年ジャンプ』で連載を開始した代表作『SLAM DUNK』は2004年にコミックス発行部数1億部を突破。1998年から『バガボンド』、1999年から『リアル』を連載。2006年にスラムダンク奨学金プロジェクトを立ち上げる。2022年初監督作品となる映画『THE FIRST SLAM DUNK』公開。

スラムダンク奨学生インタビュー

その先の世界へ

2023年1月31日　第1刷発行
2023年2月22日　第2刷発行

著者
宮地陽子　伊藤亮

発行者
瓶子吉久

発行所
株式会社　集英社
〒101-8050　東京都千代田区一ツ橋2−5−10
電話　編集部 03-3230-6251　読者係 03-3230-6080　販売部 03-3230-6393（書店専用）

印刷所
大日本印刷株式会社

製本所
加藤製本株式会社

Printed in Japan
ISBN978-4-08-790101-6　C0095